父母的认知觉醒

鲁梦 著

苏州新闻出版集团
古吴轩出版社

图书在版编目（CIP）数据

父母的认知觉醒 / 鲁梦著. -- 苏州 ： 古吴轩出版
社，2024. 11. -- ISBN 978-7-5546-2489-0

Ⅰ. G78

中国国家版本馆CIP数据核字第2024YH6150号

责任编辑：李　倩
策　　划：汲鑫欣
版式设计：林　兰
装帧设计：骉　玖

书　　名：父母的认知觉醒
著　　者：鲁　梦
出版发行：苏州新闻出版集团
　　　　　古吴轩出版社
　　　　　地址：苏州市八达街118号苏州新闻大厦30F
　　　　　电话：0512-65233679　　　邮编：215123
出 版 人：王乐飞
印　　刷：水印书香（唐山）印刷有限公司
开　　本：670mm×950mm　　1/16
印　　张：11
字　　数：119千字
版　　次：2024年11月第1版
印　　次：2024年11月第1次印刷
书　　号：ISBN 978-7-5546-2489-0
定　　价：46.00元

如有印装质量问题，请与印刷厂联系。010-89565680

　　在成为父母之前，我们可能想象过各种各样的情景，设想过与孩子相处的美好时光。然而，当现实摆在面前，我们才发现，育儿之路充满了挑战和困境。在育儿过程中，我们不仅见证了孩子的成长，也经历了自己的认知觉醒。

　　本书旨在探讨父母在育儿过程中所面临的各种困境，以及如何通过认知觉醒走出这些困境。每一位父母都希望能够给予孩子最好的，但在追求这个目标的过程中却常常陷入各种困境：如何在爱与权威之间找到平衡？如何与孩子进行有效沟通？如何放下对孩子的控制欲？如何重建亲子关系？如何打造成长型家庭？

　　翻开这本书，就像是踏上了一场探索之旅，父母在探索的过程中不断突破内心的困境，走向豁然开朗的坦途。本书从每个父母都曾经历过的困境（规则的困境、沟通的困境、控制的困境、平衡的困境）开始讲起，引领父母一步步踏上认知觉醒的旅程。认知觉醒不仅需要我们重新认识自己，还需要我们勇敢地面对固化思维、重塑我们的角色认同。在这个过程中，我们会陷入各种误区，它们会像迷雾一样阻碍我们前行的脚步，于是书中给出了走出误区的方法和策略。在这个过程中，重新认识我们的孩子变得至关重要，这意味着我们不应将孩子视为我们的复制品，而是要接纳孩子的不完美，发现孩子与众不同的地方。本书还探讨了如何放下对孩子的控制，让孩子自由成长，以及如何改变亲子之间的沟通方式，使之更加温和和有效。最后，本书还深入讨论了如何重建和谐的亲子关系，以及如何打造一个充满良好的成长氛围的家庭。

本书将伴随父母在育儿路上一路前行，为父母解开育儿之谜，指引父母走向更加和谐、科学的育儿之路。在充满挑战的育儿旅程中，父母需要不断认知觉醒，不断学习、成长，以便更好地理解和引导孩子。希望本书能够给予父母一些启发和帮助，让父母走向认知觉醒的道路，从而为孩子创造一个更美好的未来。

目录

第三章

认知觉醒过程中常见的误区及其影响

第四章

认知觉醒后，重新认识孩子

第五章

认知觉醒后，放下对孩子的控制

第六章

认知觉醒后，改变与孩子的沟通方式

第七章

认知觉醒后，重建亲子关系

第八章

认知觉醒后，打造成长型家庭

第一章

父母的困境

在现代社会中，父母面临着前所未有的挑战与诸多困境，常常陷入如何教育孩子的困惑中，甚至用一些错误的方式处理问题。很多父母只知道通过说教和控制的方式来引导孩子成长，却忽略了与孩子建立有效沟通和理解孩子的重要性。我们需要认识到，过于强调"听话"的教育方式，可能会让孩子变成一个没有思考能力，只会盲目服从权威的"机器人"，而这并非教育的目标；错误的沟通方式将会破坏亲子关系，甚至会让孩子们在成长和发展的道路上陷入困境。

在追求教育的目标时，父母应该明确，"为了孩子好"并不能成为掌控孩子的合理理由，这会扼杀孩子的创造性和自我表达的能力；父母需要认识到爱与权威之间的平衡问题，良好的教育方式应该是建立在相互尊重、相互理解和相互信任的基础之上的。在这个充满挑战和责任的旅程中，父母需要探索如何与孩子建立深入、有效的沟通，为孩子创造一个更加健康、积极的成长环境。

第一节　规则的困境——过度听话就成了服从

随着社会的不断发展和思想观念的更新，年轻一代父母对待孩子的方式正在悄悄发生着变化，大家开始意识到亲子关系的重要性。尽管如此，有些父母还是会过分强调孩子要听话，他们甚至给孩子设定了严格的规则，要求孩子对他们言听计从，却没有意识到这样做对孩子的健康成长没有丝毫帮助。

实际上，这种只强调孩子要听话的教育方式对为孩子树立良好的行为规范和价值观并无裨益；相反，这种教育方式可能会让孩子变得叛逆，也可能使孩子在成长过程中变得优柔寡断，过分听从他人的意见，缺乏独立思考和解决问题的能力；更严重的是，这种教育方式过分限制孩子的言行，对孩子的心理健康会产生负面影响，增加孩子面对挑战时的焦虑情绪和心理压力，甚至导致孩子出现自卑等问题。当然，父母的引导和规范对孩子的成长是有帮助的，但这不应该成为剥夺孩子自主能力和权利的借口。

在一个热闹的饭店里，阳光透过大窗户洒在餐桌上，温暖的氛围弥漫在每一个角落。一对年轻夫妇带着小孩与一群好友一同享用美食，度过美好的相聚时刻。然而，大人吃得开心，小朋友可不买账。吃饱之后，孩子精力充沛地奔跑着、玩闹着，还希望父母能陪他一起玩。这时，孩子的爸爸脸色阴沉了下来，大声训斥道："不要闹！坐得安安稳稳的不行吗？"孩子感到有些受伤和害怕，于是乖乖地坐回座位。但小朋友怎么可能坐得住呢？安静了没两分钟，他又开始拿起勺子敲打餐盘。妈妈轻声制止孩子，可并没有什么效果。她知道严厉的管教并不是解决问题的最好方式，但孩子正在兴头上，讲道理是没有用的。所以，她从包里拿出手机，温柔地对孩子说："来看看你最喜欢的动画片吧，不要再闹了。"她把手机递给孩子，手机屏幕上跳动着的动画人物吸引了孩子的注意力，孩子默默地拿起手机，看着动画片，安静了下来。

然而，这种"安静"并不是真正的安静。孩子只是专注于动画片，对于周围的一切都没有感知，更不知道在这种情况下正确的言行是怎样的。孩子的父母和他们的朋友们继续享受着晚餐，孩子则静静地坐在那里，而他这样做只是为了迎合父母的要求。

许多父母在教育孩子时没有培养孩子的规则意识，也没有耐心与孩子进行有效沟通，他们懒得跟孩子讲道理，觉得"讲了他也不会听"，更不愿意花时间与孩子进行真正的交流和互动。他们希望孩子守规矩、不闹腾、不给他们添麻烦，然而，这种强调服从的教育方式并没有真正帮助孩子树立正确的行为规则意识，也没有考虑到孩子的成长需要、权利追求和个性发展。

父母使用语言暴力或控制手段，强行让孩子听话是行不通的，孩子可能会感到压抑和无法表达自己真实的想法和感受，孩子会试图通过逃避甚至反抗来追求独立性和自主性。使用语言暴力或控制手段的教育方法可能对孩子产生以下方面的负面影响。

自尊心受损：孩子可能会觉得自己在家庭中没有被尊重和被重视，自尊心会受到伤害，可能导致孩子对自己产生负面的自我评价，缺乏自信，心态消极。

社交问题：如果父母总是使用语言暴力或控制手段这类教育方法，孩子可能会变得孤僻，难以与他人建立良好的人际关系；还可能会缺乏社交技巧和情绪管理能力，导致在社交场合中遭遇困扰和冲突。

情绪障碍：孩子可能会因为内心的压抑而产生焦虑、郁闷等情绪问题。他们可能无法有效地处理自己的情绪，无法应对压力，从而影响到自身的心理健康和身心发展。

叛逆行为：孩子可能通过叛逆行为来表达自己对家庭权威的不满和挑战，比如，可能反抗父母的规定和指令，采取逆反的行为，期望获得更多的自由和个人权利。

看到这里，可能有些父母会感到身陷规则带来的困境——不制定严格的规则要求孩子听话，孩子就总是吵闹不休；而强行要求孩子服从规则，又担心培养出只知道服从的"机器人"或者叛逆的捣蛋鬼。简单粗暴的教育之道是行不通的，父母要想走出规则的困境，就要认知孩子每个阶段的心理特点，制定合理的行为规则，在教育孩子时找到一个平衡点，既要关注孩子的情感和需求，也要给予孩子适当的规范和引导。摆脱规则困境的关键不在于孩子，而在于父母需要调整自己的认知，认识到什么才是真正的教育，什么才是真正的、正确的爱。

第二节 沟通的困境——错误的沟通方式是破坏亲子关系的元凶

沟通是人与人之间思想与情感传递和反馈的过程，其本质是信息的交换，涉及思想、观点、情感和态度等内容。有效的沟通需要信息发送者清晰准确地表达自己的意图，同时也需要信息接收者能够理解并回应这些信息。父母与孩子之间的沟通往往由于双方年龄与生活阅历等方面的差异，一方发送的信息难以准确地被另一方接收和理解，这就形成了所谓代沟。"代沟"本身是一个中性词，不同年龄段的人之间的代沟，就好像夏季与冬季的温差一样，是客观存在的，不必过分强化它，我们要做的就是找到正确的沟通方式来跨越代沟。良好、有效的沟通在建立亲密的亲子关系，促进孩子成长和发展，甚至传承家庭文化和价值观等方面，都具有重要意义。亲子间良好、有效的沟通如此重要，但日常生活中错误的沟通方式仍然随处可见。

1. 忽视孩子的感受

> 幼熙在学校受到同学的欺负，回家后对妈妈倾诉，妈妈却回应他说："这有什么大不了的？你要学会坚强，不要总哭鼻子。"

在这个案例里，幼熙是信息的发送者，由于其年龄较小，还不具备良好的表达能力，并且由于受到同学的欺负，可能产生了一定的恐惧心理，这使得他想表达的信息难以准确、全面地传递到信息接收者——妈妈那里。而妈妈听到幼熙的倾诉后，并没有耐心地询问具体发生了什么，而是主观地认为小孩子之间的打闹无大碍，从而忽视了幼熙的感受。这使得幼熙无法从妈妈那里及时获得帮助，久而久之，他可能觉得自己并不重要，以后可能也不再愿意与妈妈沟通了。

2. 过度批评与指责

> 闵燕考试没考好，爸爸严厉地批评她："你怎么这么笨?！每次都考这么差，以后能有什么出息？"

这个案例中的爸爸贬低了孩子的智力和人格，严重伤害了孩子的自尊和自信。考试没考好，孩子本来就情绪低落，爸爸不但没有安慰孩子，还严厉地批评与指责孩子。这种批评与指责会强化孩子的负面情绪，使孩子产生自我怀疑，觉得自己真的能力不行，从而影响孩子今后的学习和成长。

3. 命令式沟通

> 小华的爸爸总是以命令的方式要求他做事，比如："你现在立刻去写作业！不准看电视！"

这种命令式的沟通方式剥夺了孩子的选择权，让孩子感到被束缚和压抑。长此以往，可能会导致两种结果：一是孩子过度依赖父母的安排和决策，缺乏自我思考和独立解决问题的能力；二是孩子产生叛逆心理，对父母的命令置若罔闻。

4. 情绪化的沟通

> 小丽因为一件事情惹妈妈生气了，妈妈情绪失控，对她大喊大叫："你怎么这么不懂事！让我为你操碎了心！"

情绪化的沟通会破坏孩子的安全感，让孩子感到恐惧和不安。孩子可能会觉得自己是父母的负担，导致他们在成长的过程中变得敏感、胆小或缺乏自信。同时，孩子天生具有模仿能力，他们会从父母那里学习到处理情绪的方式。如果父母经常以情绪化的方式与孩子沟通，孩子也会学着用同样的方式来表达和处理自己的情绪，这可能导致他们在人际交往中遇到困难。

以上这些例子都说明，错误的沟通方式会对亲子关系产生极大的负面影响。父母与孩子之间只有互相尊重、互相理解、互相倾听，才能建立起健康、亲密的亲子关系，才能在促进孩子全面发展的同时，维持家庭的稳定与幸福。那么，怎样的沟通方式才是正确的呢？

首先，尊重孩子的个性和意见。每个孩子都是独特的个体，都有自己的想法，父母要尊重孩子的想法。在与孩子交流时，父母要给予孩子充分的表达空间，认真倾听孩子的想法和意见，并尝试理解孩子的感受和需求。

其次，理解和接纳孩子的情绪。孩子往往会因为各种原因产生情绪波动，父母要学会站在孩子的角度去理解和接纳孩子的情绪，并给予积极的反馈和支持。孩子感到被理解和被接纳时，会更愿意与父母分享自己的内心世界。如果孩子情绪过于激动，父母不要用强制手段让孩子安静，而是应引导孩子适当宣泄情绪，等孩子恢复平静之后，再进行开导。

再次，用引导而非命令的沟通方式。父母在与孩子沟通时，应该采用引导的方式，通过提问、分享经验等方式来引导孩子思考和解决问题。这种方式可以激发孩子的主动性和创造性，培养孩子的自我管理能力和解决问题的能力。

最后，鼓励孩子表达自己的想法和感受也是非常重要的。父母要营造一个开放、安全的沟通环境，鼓励孩子敢于表达自己的想法和感受。当孩子敢于表达时，父母要及时给予肯定和鼓励，以增强孩子的自信心，锻炼孩子的表达能力。

第三节 控制的困境——"为了孩子好"的本质是控制

望子成龙、望女成凤是父母的普遍心理，这与传统文化中父母对子女教育的重视程度有关。许多父母对孩子的教育投入大量的精力和资源，早早就为孩子的成长铺好了道路，为了让孩子在这条铺好的道路上走下去，父母往往对孩子有非常强的控制欲，而"为了孩子好"则是这种控制欲的一个常见的理由。

这些父母通常是出于对孩子的关心和期望，希望他们能够在未来过上更好的生活。然而，在实际操作过程中，如果父母过度强调"为了孩子好"，并以此为由对孩子的生活、学习等方面进行过多的干涉和控制，那么就演变为一种过度控制行为，这种行为可能会对孩子的自主性、创造力和心理健康产生负面影响。因此，父母在教育孩子时，需要把握一个度，既要给予孩子足够的引导和支持，又要尊重他们的意愿和兴趣，培养他们的自主性和创造力。

蒋涵是一个对音乐充满热情的高中生，他特别喜欢弹吉他，常常在课余时间自学自弹，享受在音乐世界中的自由与快乐。然而，蒋涵的父母对他的这个爱好并不支持。他们认为弹吉他只是消遣活动，对未来的职业发展没有太大帮助。

为了让蒋涵将来能够有更好的就业机会，他们决定让他学习编程，因为这是一个热门且前景乐观的行业。尽管蒋涵对此并无兴趣，甚至有些抗拒，但他的父母坚持认为这是为了他好。

每到周末，蒋涵的父母都会送他去上编程班，这占据了他原本可以用来练习吉他的时间。在编程班里，蒋涵总是心不在焉，那些复杂的代码和算法总是让他感到困惑和挫败。每当他提出想放弃学习编程，去追求自己的音乐梦想时，他的父母总是会以"音乐不能当饭吃""我这是为你好，你长大后自然就明白了"为由拒绝他。

随着时间的推移，蒋涵变得越来越沉默和沮丧。他开始疏远父母，甚至对自己的未来也失去了信心。他觉得自己的人生被父母操控了，自己的兴趣和梦想被无视和践踏。

许多父母由于为孩子的未来担忧，强行让孩子放弃自己的兴趣爱好，去学习他们认为更有前途的技能。这种做法不仅剥夺了孩子追求自己梦想的权利，还可能对孩子的心理健康和亲子关系造成长期的负面影响。

孩子对兴趣爱好的热情被严重压抑，无法追求自己真正喜欢的事物，这可能导致他们对生活失去热情，对任何活动都难以提起兴趣。由于被迫学习自己不感兴趣却又不得不学的课程，孩子可能会感到巨大的心理压力。他们可能会觉得自己无法满足父母的期望，从而产生自卑、焦虑和沮丧的情绪。

另外，在父母的长期控制下，孩子可能会逐渐失去自主决策的能力和自信心。他们可能会变得依赖他人，难以独立面对生活中的挑战。

正确地引导孩子，同时避免过度控制孩子，是促进孩子全面、健康发展的重要手段。这需要父母具备足够的耐心、智慧以及敏锐的观察力，这在实际生活中是极难把握的。作为父母，我们怎样做才能正确引导孩子成长为独立、自信和有责任感的人呢？

1. 尊重孩子的兴趣和选择

了解孩子的兴趣和目标，尊重他们的选择，即便这些选择与父母的期望不同。鼓励孩子追求自己的梦想，为他们提供必要的支持和资源，让他们在自己喜欢的领域自由探索。

2. 建立良好的沟通

与孩子保持开放的沟通，了解他们的想法、感受和需求。定期召开家庭会议或设置固定的谈心时间可以促进亲子之间相互理解和信任。

3. 设定合理的期望

根据孩子的年龄、能力和兴趣设定合理的期望，避免将过高的期望强加给孩子，给孩子造成不必要的压力。

4. 提供自主权，培养责任感

给予孩子一定的自主权，让他们在日常生活中做出选择，并承担适当的责任。通过这种方式，孩子可以学会独立和自我管理。

5. 鼓励探索和试错

允许孩子在安全的范围内探索和试错，这是他们学习和成长的重要方式。当孩子遇到困难时，父母应当提供指导和支持，而不是完全代劳，让孩子失去自主解决问题的机会。

6. 关注孩子的情感和心理健康

关注孩子的情感需求，为孩子提供情感支持和安慰。如果孩子表现出过度的焦虑情绪或承受过大的压力，应及时与他们沟通；如有需要，可寻求专业帮助。

第四节　平衡的困境——作为父母，爱与权威该如何平衡

　　随着社会经济的发展，核心家庭（只有父母和子女的家庭）越来越多，家族式的大家庭逐渐减少。在核心家庭中，孩子往往成为家庭的中心，父母更容易将注意力和资源集中在孩子身上，也更容易产生溺爱现象。

　　国家统计局公布的人口数据显示，2016 年，中国全面放开二孩政策，当年新生儿数量达到最高峰，为 1786 万。此后，新生儿数量一路呈下降趋势。2022 年首次跌破 1000 万，达到中华人民共和国成立以来的最低值 956 万，2023 年再创新低，跌至902 万。出生率的下降，使得一个孩子在家庭中的地位越发重要，溺爱导致孩子任性的情况越来越多。

凯华是家里的独生子，他的出生给这个家庭带来了无尽的喜悦。父母对他宠爱有加，对他几乎是有求必应、百依百顺。小时候，每当凯华哭闹，父亲就会立马抱起他，母亲则会拿出各种零食和玩具哄他开心。

随着年龄的增长，凯华也越发任性。一个周末的下午，凯华和父母一起去商场购物。在玩具区，凯华看中了一个新款遥控赛车。父母起初有些犹豫，毕竟这个遥控赛车价格不菲，凯华见状立刻开始耍赖，先是撒娇，后是哭闹，最后索性坐在地上不肯起来。商场里的人都投来异样的目光，父母觉得非常尴尬。父亲试图跟凯华讲道理，告诉他家里已经有很多类似的玩具，不需要再买新的。但凯华哪里听得进去，只是哭闹着要赛车。母亲心疼儿子，拉拉父亲的衣袖，说："算了，就买给他吧，又不是买不起。"父亲无奈地叹了口气，最终还是妥协了。凯华得意地拿着新买的遥控赛车，脸上露出了胜利的笑容。然而，父母却没有意识到，这一次的妥协，再次削弱了他们在凯华面前的权威。

父母在孩子面前丧失权威可能会产生一系列后果，这些后果可能对亲子关系、孩子的成长以及家庭的整体功能产生下述一些负面影响。

家庭纪律松散：如果父母丧失权威，家庭中的纪律和规矩可能会变得松散。孩子可能不再遵守家庭规则，导致家庭秩序混乱。

孩子的行为出现问题：缺乏父母的权威引导，孩子的行为可能会出现问题，如任性、无礼、挑战规则等。他们可能缺乏自律，难以控制自己的行为。

亲子关系紧张：当父母丧失权威时，亲子关系可能会变得紧张。孩子可能不再尊重父母的意见和决定，导致家庭矛盾增多。

影响孩子价值观的塑造：父母的权威在一定程度上塑造了孩子的价值观。如果父母丧失权威，孩子可能会受到其他不良价值观的影响，如物质主义、个人主义等。

孩子缺乏责任感：如果父母不能有效地行使权威，可能很难培养起孩子的责任感。孩子可能不愿意承担责任，也难以理解自己的行为对他人或社会带来的影响。

教育效果不佳：在教育孩子方面，如果父母丧失权威，他们的教育建议和指导可能会被孩子忽视或抵触。这可能导致教育效果不佳，影响孩子的学业和成长。

孩子过度依赖父母：如果父母不能适当地运用权威来要求孩子独立，孩子可能会过度依赖父母，缺乏独立生活和解决问题的能力。

"父母之爱子，则为之计深远。"父母应该成为孩子成长过程中的引导者和支持者，而不是代替他们做所有事情的代劳者。父母在孩子面前应该保持一定的权威，但这种权威并不意味着专制或压制，而是应该建立在尊重和理解孩子的基础上。平衡爱与权威需要父母具备耐心、智慧和敏锐的观察力。通过设定合理的规矩、保持开放沟通、以身作则以及灵活调整教育方法，父母可以为孩子创造一个既充满爱又富有纪律的成长环境。

第二章

走出困境，
父母需要认知觉醒

在当代社会，随着信息时代的到来和教育的多元化，父母在教育孩子的过程中面临的挑战越发复杂。迎接这些挑战，父母的自我认知觉醒是关键。

很多父母还停留在传统的教育方式和观念上，认为严格的管教和高压政策能够塑造出优秀的孩子。然而，这种过时的认知不仅可能阻碍孩子的全面发展，还可能导致亲子关系紧张。

父母的自我认知觉醒，意味着父母需要不断更新教育观念，真正理解孩子的需求，以及他们在成长过程中所面临的挑战。现代社会中，孩子接触到的信息量巨大，他们的思维方式和价值观也在不断变化。如果父母不能跟上这种变化，就难以理解孩子的想法，更难以对孩子提供有效的指导。

第一节　何谓认知觉醒

在深入探讨认知觉醒之前，我们首先要深刻认识到，亲子教育这一领域是持续演变和不断革新的。正如古希腊哲学家柏拉图所言："教育非他，乃是心灵的转向。"亲子教育的真正内涵远超越单纯的知识传授，它更是心灵的交融与情感的交流。在这个日新月异的时代，随着社会的进步和科技的飞速发展，那些曾经根深蒂固的教育理念和教育方法正面临着前所未有的挑战。我们必须以开放的心态去重新审视和更新我们的教育观念，以适应这个多变的时代，引领孩子走向更加美好的未来。

然而在当今社会，仍有许多父母在用陈旧的教育理念和教育方法教育孩子。例如，有些父母仍然坚守"棍棒底下出孝子"的过时理念，认为体罚和惩戒能够塑造孩子良好的品性和行为。他们可能未曾深入思考，这种方式是否真的有助于孩子的身心健康和全面发展。

此外，也有一些父母过分看重分数，错误地将分数作为衡量孩子价值的唯一指标。他们可能忽视了孩子的兴趣爱好、特长才能以及社交和情感能力的发展。在这个多元化、信息化的时代，教育已经远远超越了单一的分数评价，而是更加注重孩子的综合素质和个性发展。

这些陈腐的教育观念不仅限制了孩子的成长空间，也可能对孩子的心理健康造成负面影响。因此，我们需要不断更新教育观念，以更加开放、包容和理解的态度来面对孩子的成长。只有这样，我们才能真正培养出健康、自信、有创造力的新一代。

四年级学生吴甜甜自幼对绘画怀有浓厚兴趣，每当手握画笔，她仿佛就进入了一个彩色的梦幻世界，自由驰骋在想象的广阔天地中。然而，她的母亲李娟最初并不支持她的这一爱好。作为一名深受传统观念影响的家长，李娟坚信"唯有读书高"，她认为绘画对孩子未来寻求稳定职业并无多大帮助，因此，她更希望女儿能全心地投入学业中。

然而，吴甜甜在绘画上展现的天赋却越来越引人注目，她的画作在学校艺术展上频频获奖，甚至得到了专业画家的赞赏。这些成就让李娟开始对自己的教育理念产生了怀疑。她开始反思，是否应该更加尊重女儿的兴趣，而不是单纯地将学业成绩作为衡量孩子价值的唯一标准。

为了找到答案，李娟开始积极参加各类教育讲座，与其他家长交流心得。在这个过程中，她逐渐明白每个孩子都有其独特的兴趣和潜能，这些兴趣和潜能应当得到充分的理解和鼓励。她意识到，作为母亲，她的责任是帮助女儿发掘兴趣和潜力，而不是将自己的期望强加给她。

于是，李娟开始全力支持吴甜甜的绘画梦想。她为女儿提供了丰富的绘画材料，还积极为她报名参加艺术培训课程，让她有机会接受更为专业的指导。在母亲的理解和支持下，吴甜甜的绘画水平得到了显著提升，她的作品开始在全国范围内屡获殊荣，甚至受到了国际艺术界的关注，吴甜甜可以放心追逐自己的梦想，与母亲的关系也得到了极大的改善。

我们不难发现，父母的认知觉醒在教育中具有举足轻重的地位，父母只有开始反思并更新自己的教育观念时，才能更加精准地把握孩子的实际需求，提供更加贴合孩子个性发展的教育支持。这种认知觉醒的深远影响，不仅能促进孩子个体的成长，更能促进整个家庭乃至教育体制的进步。

父母的认知觉醒能够使孩子获得更为全面与个性化的教育引导，帮助孩子在感兴趣的领域取得更加卓越的成就。同时，孩子也能深切感受到来自父母的尊重与理解，从而构建起更加积极、健康的心态。

父母的认知觉醒能够显著改善亲子关系。当父母学会尊重和理解孩子的兴趣与需求时，家庭中的沟通与交流自然会更加顺畅与高效。

父母的认知觉醒还将推动整个教育体制的创新与变革。越来越多的父母在更新与升级教育观念，对现有的教育体制提出更高的要求与期望，从而促使该体制不断进行自我革新与发展。

作为父母，我们应当始终保持开放与学习的姿态，不断更新自己的教育观念与教育方法，以便更好地适应不断变化的教育环境，为孩子的全面发展提供更为坚实有力的支持。

第二节　父母的认知觉醒 从重新认识自己开始

父母的认知觉醒之路该从何开启？答案是父母需要重新审视自己的角色定位、教育方式以及与孩子的关系。在这一过程中，父母重新认识自己是至关重要的。

首先，父母必须意识到，在现今的亲子教育中，父母这个角色已不再是传统意义上单一的、无可争议的权威。相反，父母应成为孩子成长道路上的引导者和值得信赖的伙伴。过去那种高高在上的权威姿态，以及单向的、居高临下的教育方式，已与现代社会的教育需求格格不入。

在这个信息爆炸、价值观多元化的时代，孩子可以通过多种渠道获取知识和信息，形成自己独特且丰富的知识体系，对事物也有了自己的见解和判断。因此，单向的、不容置疑的知识灌输方式对亲子关系是有害无益的。

这一变化亟须父母调整自己的心态和角色定位，并不断学习，与时俱进，以更加平等、开放和包容的心态来面对孩子。在日常教育中，父母应学会倾听孩子的声音，尊重孩子的想法和选择，通过双向的、平等的交流和沟通，与孩子共同成长。

当孩子感受到被父母尊重和理解时，他们也会更愿意分享自己的内心世界，并更有可能接受父母的建议和引导。这种互动模式将有助于培养孩子健康的人格特质，为他们的未来发展奠定坚实的基础。

其次，父母需要审视并改进自己的教育方式。并非所有人天生就会做父母、教育孩子，所以父母需要不断学习，以确保自己的教育方式是正确且有效的。每个孩子都是独一无二的个体，有着不同的兴趣和天赋。父母应重新认识孩子的独特性，尊重孩子的选择，并为孩子提供个性化的教育支持。

最后，父母应认识到教育的目的绝非培养一个擅长考试的孩子或打造一个拥有某种头衔的英雄。家庭教育的核心是建立和维护良好的亲子关系。家庭是孩子接触社会的第一站，只有在这一段关系中得到健康、完整的爱和人格培养，孩子才能在未来的人生中勇往直前，创造无限可能。因此，父母应关注孩子的情感需求，倾听孩子的声音，给予孩子关爱和支持，并真诚地理解和了解孩子，引导孩子健康成长。

父母的自我反思与重新定位极其关键，然而并不是每个人都能做到自我反思和重新定位，即便是杰出的人物也难以避免在这个问题上出错。

据说，物理学家爱因斯坦最初在家庭教育中采用的就是传统的权威式教育，他对儿子的教育和成长抱有固定的期望。但随着时间的流逝，他逐渐领悟到，单纯的权威式教育并不足以促进孩子的全面发展。因此，他开启了自我反省之旅，重新评估自己的教育方式以及与孩子的相处之道。

这次深刻的自我反省使爱因斯坦的认知发生了转变，他也从一位威严的父亲变成了孩子成长路上的指路明灯和亲密无间的朋友。他的关注点不再局限于孩子的学业表现，而是开始深入了解儿子的兴趣所在和情感需求。他开始重视儿子在艺术领域的兴趣，并提供全面且个性化的教育引导。这样的关注让儿子在自己热爱的领域取得了令人瞩目的进步，而他与儿子之间的沟通也变得更加顺畅、有效。这种健康稳固的亲子关系，为孩子的成长提供了坚实的情感支撑。

可见，父母重新认识自己对自身的认知觉醒具有深远的意义。它不仅有助于父母更新教育观念、改善教育方式，还能促进亲子关系的和谐与发展。通过重新认识自己，父母能够更好地适应现代教育的需求，为孩子的成长创造更加有利的环境。

第三节 父母的认知觉醒需改变固化思维，打破认知僵局

在家庭教育这片广阔的领域中，父母往往受限于固化思维，难以挣脱那些根深蒂固的传统教育模式和教育观念的束缚。固化思维就像是一堵无形的墙，限制了父母的视野和思考。父母一旦陷入这种思维，往往只能看到自己想看到的，听到自己想听到的，就会忽略孩子的真实需求和感受。这种思维的固化不仅阻碍父母成长，还可能对孩子的成长造成不可逆转的影响。

父母的认知觉醒需要父母勇敢地挑战这些固化的思维模式，冲破认知的牢笼，用更加宽广和多元的视野去审视和理解孩子的教育和成长之路。

那么，如何才能有效地改变这种固化思维，破解认知的局限呢？

首先，父母必须养成持续学习的习惯。这意味着父母需要不

断探索新的教育理念，尝试不同的教育方法。阅读教育类书籍，参加各种教育讲座或研讨会，了解并掌握最新的教育动态和实践案例，这样，父母的思维边界才会被逐渐拓展。

其次，倾听是沟通的关键，也是教育的基础。父母需要真诚地聆听孩子的心声，尊重孩子的个性和选择。父母不应该将自己的期望和想法强加于孩子，而是要用开放和包容的心态去理解孩子，支持孩子去追求自己的梦想、发展自己的兴趣。

最后，父母在教育孩子的过程中也应该定期进行反思和总结。通过复盘自己的教育方式和态度，父母可以发现其中的不足和错误，进而进行调整和改进。这种复盘的习惯，能够帮助父母更加清晰地认识到自己的局限性，并寻求更有效的教育方法。

> 李琛明是一个对科学充满好奇和热爱的少年，但他的父亲李先生却坚守着一种传统的观念：只有学好课本知识并获得优异的成绩才算成功。因此，他常常限制李琛明参与各种科学实验和创新活动。当李琛明凭借自己的创新和努力在科技创新大赛中脱颖而出，获得一等奖时，李先生的观念受到了强烈的冲击。他开始深刻反思自己过去的教育方式，意识到自己的固化思维已经限制了李琛明的成长和发展。于是，他放下成见，全力支持李琛明的科学探索。

这样的例子在我们生活中并不少见。很多时候，父母的初衷是"为了孩子好"，却往往因为固化的思维和刻板的教育方式，阻碍了孩子的成长和发展。明明双方都充满了爱，但为何这份爱变得如此沉重和扭曲？这背后的根源，其实就是那些根深蒂固的固化思维。

俗话说得好，"世上唯一不变的就是变化本身"。在这个日新月异的时代里，父母的教育方式和教育方法也需要与时俱进。父母必须不断拓宽自己的教育视野，更新自己的教育方法，才能适应这个不断变化的教育环境，才能真正地助力孩子的个性化成长和全面发展。

所以，改变固化思维、打破认知僵局是实现父母认知觉醒的关键步骤。通过持续学习、倾听孩子的声音以及反思、自省等方法，父母可以逐渐摆脱传统教育观念的束缚，以更加开放和多元的视角来审视孩子。这不仅有助于孩子的全面发展和个性化成长，还能促进亲子关系的和谐与融洽。因此，新时代的父母应该勇于改变固化思维，打破认知僵局，与孩子共同成长和进步。

第四节　父母的认知觉醒需要重塑角色认同

在教育孩子的过程中，许多父母想着为孩子提供最优的成长环境，然而，为了给孩子提供最好的帮助和照顾，有些父母不知不觉地将自己转变为保姆——过度庇护孩子，无微不至地照顾孩子。但真正的教育，远非简单的物质供给与生活照料，更在于精神的引领与价值观的铸就。因此，父母的认知觉醒，首要的是从内心深处进行角色认同的重塑，由保姆蜕变为导师，引领孩子自主、自强地成长。

那么，为何众多父母会不自觉地陷入保姆的角色呢？

一方面，现代社会的快节奏与高压环境让许多父母忧心忡忡，他们担心孩子难以处理外界纷繁复杂的事务，于是选择为孩子扫除一切障碍，以确保孩子的安全与舒适。另一方面，受传统文化熏陶，有的父母认为照顾孩子的饮食起居是为人父母的天职，从而疏忽了对孩子独立人格的培育。

在这样的教育环境下，不少父母对孩子的生活事务大包大揽，从吃穿住行到学业娱乐，均安排得井井有条，孩子几乎无须做任何决策或承担任何责任。长此以往，孩子将逐渐丧失独立思考与解决问题的能力，转而过分依赖父母。

李亮自幼儿园起，他的母亲便每日为他准备早餐、整理学习用品，甚至为他筛选社交圈与课外活动。然而，当李亮步入初中阶段，他突然发现自己难以适应独立自主的生活节奏，既不知如何与同学建立深厚的友谊，也无法合理规划学习与生活，他的成长步伐似乎依旧停留在稚嫩的孩童阶段。

教育的真谛并非替代孩子成长，而是启迪孩子学会独立思考与解决问题。因此，父母亟须从保姆的角色中解脱出来，向导师的角色迈进。这一转变并非一朝一夕之功，而是需要父母逐步放手，让孩子在摸索与试错中学会成长。

身为导师，父母应洞悉孩子的兴趣与天赋，鼓励孩子勇于探索未知领域，培养孩子的创新思维与解决问题的能力。同时，与孩子建立起良好的沟通桥梁，聆听孩子的心声与需求，并给予积极的回应与支持。在此过程中，孩子可能会因习惯于父母的庇护而对改变产生抵触情绪。这时，父母需用耐心与智慧加以引导，使孩子深刻领悟到独立成长的重要性。

在角色转变的过程中，父母面临的挑战并不亚于孩子。父母需要学会信赖孩子，坚信孩子有能力面对生活中的种种挑战。父母应认识到，教育是一个逐步放手的过程，是孩子茁壮成长、展翅高飞的过程。尽管孩子可能会有所畏惧，但父母还是需要学会放手。父母应重塑自己的角色，深刻理解自己是孩子的导师与朋友，而非保姆，自己的使命是引领孩子走向正确的人生道路，协助孩子树立起正确的价值观与人生观，而非替孩子包办一切。

面对这些挑战，以下策略或许能提供一些帮助。

首先，尝试逐步放手，可以从日常小事做起，如让孩子自己整理床铺、收拾学习用品等，随着孩子的成长，逐步增加任务的难度与复杂度。

其次，与孩子共同设定清晰的目标与期望，让孩子明确自己的成长方向，从而激发孩子的积极性与自信心。

再次，提供适时的支持至关重要。当孩子独立应对挑战时，父母一个温暖的拥抱、一句鼓励的话语或一个赞许的眼神，都能让孩子感受到父母的关爱与信任，从而更加勇敢地迎接挑战。

最后，建立良好的沟通机制亦不可或缺，父母应与孩子保持开放、平等的对话，了解他们的内心世界与成长困惑，引导他们学会正确表达自己的想法与情感。

从保姆到导师的角色转变，是父母实现认知觉醒的关键一步，这不仅有助于培养孩子的独立性与自主性，还有助于孩子在未来的道路上走得更加自信与从容。尽管转变之路充满挑战，但父母只要坚定信念、耐心引导并给予孩子必要的支持，便定能陪伴孩子走向更加绚烂的未来。

第三章

认知觉醒过程中
常见的误区
及其影响

　　从咿呀学语的儿童到茁壮成长的少年，亲子教育的过程是漫长而美妙的，也是需要智慧的。为人父母者需要不断学习，才能跟上孩子成长的脚步。

　　每个孩子都是独立的个体，千花有千样美，父母的教育更应该是沃土，为孩子提供成长所需的营养，而不是像养温室的花朵那样将孩子的成长框在固定的天地里。

　　教育的误区源于父母对教育的片面理解和对孩子成长规律的忽视，为了避免这些误区，父母需要不断学习，更新教育观念，尊重孩子的个性和需求，以及与孩子建立良好的沟通和信任关系。只有这样，才能真正实现教育的目标，帮助孩子健康、全面地成长。

第一节　常见的认知误区

在孩子成长的过程中，父母会扮演多重角色——有时是孩子的朋友，彼此分享喜怒哀乐；有时是和孩子并肩的战友，共同面对挑战；有时是孩子人生的导师，指引孩子前行。

但遗憾的是，不少父母仍深陷于"上对下"的命令式关系的误区中，将孩子视为自己的附属品。这种陈旧的观念不仅限制了孩子的自由成长，更在无形中使父母与孩子的关系变得疏远。我们需要正视这些认知误区，勇敢地打破固有的思维框架。那么常见的误区有哪些呢？

1.过度保护，以"爱"束缚

以爱为名的过度保护是孩子成长的隐形枷锁。有些父母总是担心孩子吃不饱、穿不暖，怕孩子孤单，更怕孩子受伤，为了避免孩子受伤，竭尽全力为孩子扫清一切障碍。

但请记住，受伤其实是成长的必经之路，是勇士的勋章。孩子只有自己经历过磕磕碰碰，他们的人生才算完整。父母的过度保护，实际上剥夺了孩子独立面对挑战的机会，也阻碍了孩子建立自信心和锻炼解决问题的能力。真正的爱，是适时放手，让孩子在风雨中锤炼，成为更强大的自己。

2. 以"爱"之名，过度干涉

有些父母常常以"为了孩子好"为理由，对孩子的学习、生活和社交进行过度干涉，期望孩子能按照他们的规划和期望去发展。他们强行安排繁重的课外课程，无视孩子的兴趣和选择，并以此为荣。然而，这种做法实际上却剥夺了孩子的自主选择权，容易导致孩子压抑，进而激发孩子的逆反心理，使得亲子关系愈加紧张，而父母对此却不自知。

我们必须认识到，爱的真谛是理解、支持和鼓励，而不是控制和干涉。每个孩子都是独立的个体，有自己的兴趣和选择。作为父母，我们应该尊重孩子的个性和意愿，给予孩子足够的自由和空间去发展自己的兴趣，挖掘自己的潜力。

3. 物化教育，唯成绩论

有些父母陷入了一个严重的认知误区：将孩子的分数视为衡量他们价值的唯一标尺。他们要求孩子全身心地投入学习中，忽视与学习无关的一切，仿佛除了成绩，孩子的其他成长都不重要。这种片面的教育观念忽略了人的成长是一个渐进的过程，不能一蹴而就。其结果往往是培养出可以获得高分但社会适应能力低下的孩子。

　　教育应该根据孩子的天性和兴趣来培育，而不是肆意塑造。就像一粒种子，它最终是长成参天大树还是开出殷红的花朵，并不取决于我们额外施加了多少肥料，而是由其本性决定的。错误的教育方式就像不恰当地施肥，可能会限制它原本的苍劲或美丽。父母应该摒弃成绩至上的观念，引导孩子按照自己的天性和兴趣自由发展。

4. 忽视孩子的情感需求

　　人类与动物的主要区别之一在于，人类拥有丰富的情感，能够欣赏更高级别的艺术。然而，孩子最初很难正确地表达和管理自己的情感，许多父母在教育孩子时也常常忽略了这一点。实际上，学会正确管理自己的情感是一项至关重要的技能，需要通过长期的实践和总结才能形成独特的情感应对模式。

　　在生活中，我们会遇到形形色色的人。有些人让人感到舒适自在，而有些人则让人难以接近。这背后的原因正是他们处理情感的能力不同，包括控制自己的情绪、与人相处的情商，以及对他人情感的理解。很多父母会发现，随着孩子逐渐长大，孩子与自己之间的沟通越来越少，其根源是孩子关闭了与父母之间情感交流的渠道。

　　当孩子面临困难或挫折时，父母应该做的是倾听和理解，而不是指责。如果孩子在此刻得不到父母的帮助，那么孩子就会失去对父母的信任。一旦信任丧失，再想重新建立亲密的关系就会变得异常困难。因此，父母应该重视孩子的情感需求，主动与孩子进行情感交流，帮助孩子学会正确控制自己的情感，从而使孩子成为更加健康、成熟的人。

5. 缺乏与孩子的平等沟通

与孩子进行平等沟通，将孩子视为与我们平等的个体，是建立亲密的亲子关系的关键。然而，有些父母在潜意识里往往将自己定位为"上位者"，将孩子视为需要保护和养育的对象，从而错失了与孩子平等对话的机会。这种潜意识实际上对教育构成了严重阻碍。

孩子虽然年幼，但并非愚昧无知。他们在某些方面相对于成人显得更天真、更幼稚，仅仅是因为他们缺乏真实体验的实践和机会。作为负责教育孩子的父母，我们的任务是提供机会，与孩子进行真实、有效的交流。我们应该为孩子未来步入社会后可能遇到的问题提供有价值的参考，而不是仅仅关注自己的期望和要求是否得到满足，从而忽视孩子的想法和感受。

要实现这一目标并不容易，但我们可以从生活中的小事做起。例如，当孩子表达自己的想法或需求时，我们应给予充分的理解和支持，而不是直接打断孩子的发言或否定孩子的观点。

6. 为孩子预设人生轨迹

有些父母会精心为孩子规划一条看似完美的发展道路，期望孩子能够按照自己设定的方向前进，如学钢琴或出国留学。然而，这种做法却忽视了孩子内心的声音和真正的兴趣。

爱因斯坦曾经深刻地指出："想象力比知识更重要。"每个孩子都拥有无限的潜力和独特的天赋，而父母为孩子设定的方向可能会限制孩子的想象力和创造力。父母应当意识到，孩子不是我们的延伸，而是独立的个体，孩子有权选择自己的人生道路。教育的真正意义在于激发孩子的内在动力和热情，让孩子能够自主地探索世界，发现自己的兴趣和目标，而不是被动地接受父母为他们设定的发展方向。父母的责任是提供指导和支持，让孩子发现自己的潜能，并勇敢地追寻自己的梦想，创造出属于自己的精彩人生。

7. 将孩子视为比较的工具

"别人家的孩子"往往是童年阴影的代名词，不科学的比较如同慢性毒药，悄无声息地侵蚀着孩子的内心。要知道，连成年人都难以坦然面对无休止的比较，更何况是孩子呢？

每个孩子都是上天赐予的瑰宝，各自闪耀着独特的光芒。作为父母，我们怎么可以将如此珍贵的瑰宝与"别人家的孩子"进行简单粗暴的比较呢？

"你的孩子，其实并不是你的孩子，他们是生命对于自身渴望而诞生的孩子。"因此，我们应该尊重他们的个性和差异，去发现并欣赏他们独有的优点和潜力。

第二节　何谓认知失衡

认知失衡在家庭教育中是一个颇具深意的概念，也是许多教育困境的根源。简而言之，认知失衡就是父母在教育孩子的过程中，由于外界压力、个人经历、文化背景等多重因素的作用，对教育目标、教育方法以及对孩子的期望产生了偏离或误解。认知失衡如同一面镜子，映射出父母对孩子的忽视或不切实际的期望，进而导致教育方式的失当。

正如著名教育家苏霍姆林斯基所说："教育的真正目的应该是使人不断提出问题、思索问题。"然而，在认知失衡的状态下，父母或是过分追求孩子的学业成绩，忽视了孩子的兴趣和天赋；或是过于放任自流，对孩子的行为缺乏必要的引导和规范。这些偏离了教育本质的行为，都是认知失衡的体现。

因此，正视认知失衡的问题，努力调整自己的教育观念和教育方式，以更加全面、平衡的视角来看待孩子的成长，成为重中之重。

1. 教育目标的认知失衡

在中国传统文化的影响下，父母普遍期望子女能够成龙成凤，这种期望的背后是社会文化和社会竞争的深刻烙印。然而，我们必须深刻思考这样一个问题：将出人头地和物质成功视为教育的最终目标，是否真的恰当？

最新的教育研究报告显示，超过 70% 的父母将顶尖大学和高薪工作视为教育的主要目标，但这样的期望往往与孩子的兴趣、特长和内心真正的需求存在显著的偏差。这种认知失衡不仅可能阻碍孩子的全面发展，还可能导致他们在未来面临职业选择时陷入困境。

以著名钢琴家郎朗为例，他的成功并非偶然。如果他的父母当时受社会文化的影响，强迫他追求其他所谓热门专业，那么不仅我们会失去一位杰出的音乐家，郎朗也可能会失去对音乐的热爱，进而影响到他的职业发展和人生幸福。幸运的是，郎朗的父母具有远见卓识，他们看到了郎朗的音乐天赋，并全力支持和鼓励他。

因此，作为父母，我们必须警惕教育目标的认知失衡。我们应该深入了解孩子的兴趣和特长，制订符合孩子个性的教育计划。只有这样，我们才能培养出既具备社会竞争力，又能保持个性和创造力的优秀人才。同时，我们也应该关注孩子的内心需求，让孩子在追求学业的同时，也能保持身心健康和快乐成长。

2. 教育方法的认知失衡

有些父母在教育孩子的过程中，由于对教育方法存在误解或偏见，出现了明显的认知失衡：要么过分严格，缺乏与孩子的情感交流和相互理解；要么过于放任，无条件地满足孩子的所有要求，却忘记了教育孩子独立和承担责任的重要性。这种教育方法的认知失衡，不仅剥夺了孩子学习独立和解决问题的机会，还可能导致孩子产生依赖性，甚至变得自私。

父母必须深刻反思自己的教育方法，寻求一种更加科学的教育方式。这不仅是为了提高孩子的学习成绩，更是为了培养孩子健全的人格、独立的思考能力和强大的心理素质。只有这样，我们的孩子才能在社会中立足，成为真正优秀的人才。

在这个过程中，父母需要不断学习，更新自己的教育理念，与孩子进行有效的沟通，了解孩子的真实需求和感受。同时，父母也要学会适当放手，让孩子在探索和挑战中成长，培养孩子的自主性和创造性。只有这样，我们才能真正避免在教育方法上认知失衡，为孩子营造一个更加健康、和谐的成长环境。

3. 对孩子需求的认知失衡

在家庭教育中，一种常见的认知失衡是父母将自己未曾实现的梦想强加给孩子，这种行为往往出于对孩子殷切的期望，却忽视了孩子自身的兴趣和选择。《中国教育报》的一项调查显示，超过 60% 的父母承认，在孩子的教育问题上，他们更多是受到自身成长经验、社会压力或亲友建议的影响，而非真正基于孩子的兴趣和天赋。

史蒂夫·乔布斯，这位科技巨擘的成长经历就是一个鲜明的例证。乔布斯自小便对电子产品有着浓厚的兴趣，这在一定程度上影响了他未来的职业道路。假若他的父母坚守传统观念，强迫他选择如医学或法律等在常人眼里更具发展前景的专业，那么，我们今天所熟知的苹果帝国可能就不复存在。幸运的是，乔布斯的父母选择了尊重他的兴趣与梦想，这一选择不仅成就了乔布斯，更为世界带来了一系列的科技创新。

为避免这种认知失衡，父母必须深刻反思并调整自己的教育观念。我们应该俯下身来，倾听孩子的声音，了解孩子的兴趣和真正的需求。哈佛大学教育研究院的研究显示，当孩子能够在自己感兴趣的领域学习时，他们的学习动力和创造力会显著提升。

父母可以借鉴郎朗和乔布斯等成功案例中的教育智慧，即尊重并支持孩子的选择。此外，父母还应重视孩子的心理健康和情感需求。根据美国心理学会的研究，一个健康的心理状态对孩子的学业和人生发展有着至关重要的影响。

综上所述，父母必须警惕并及时纠正对孩子需求的认知失衡。通过深入了解孩子的兴趣和需求，尊重孩子的选择，并给予必要的支持和鼓励，我们才能引导孩子走向更加成功和幸福的人生道路。父母不仅需要持续学习和反思，更需要以一种更加开放和包容的心态来面对孩子的成长。

第三节　认知失衡造成的影响

亲子教育对孩子的成长轨迹和人生发展具有决定性的影响。然而，在亲子教育的具体实践中，我们必须警惕父母可能存在的认知失衡。这种认知失衡，或许源于对教育目标的片面理解，或许是教育方法的选择失当，抑或是对孩子内心需求和兴趣爱好的漠视。"教育不是注满一桶水，而是点燃一把火。"如果父母出现认知失衡，那么这把"火"可能无法被点燃。

认知失衡的危害不容小觑。它不仅会削弱家庭教育的效果，更会在无形中影响孩子的心理状态、行为习惯，乃至未来的职业选择和生活质量。

1. 影响孩子的自我认同和自信心

当父母的期望脱离现实，出现认知失衡，他们容易为孩子设定难以达到的目标。面对这样的高目标，孩子往往因无法达到而备感挫败，从而影响孩子的自我认同和自信心。

张炘炀，这位被誉为"天才少年"的孩子，在众人的瞩目下成长。他的父亲对他抱有极高的期望，希望他能在学术上不断创造奇迹。然而，张炘炀在博士阶段却遭遇了困难，花费了8年才完成学业，这种高期望与现实之间的落差不仅给他带来了巨大的心理压力，也让他对自己的能力产生了深深的怀疑。

教育心理学家指出，父母的期望与孩子的自我认同和自信心紧密相连。当父母的期望过高时，孩子容易因为无法达到这些标准而感到自卑和无助。相反，适度的期望能够激发孩子的潜力，帮助孩子培养积极的心态。

张炘炀的经历并非个案，它反映了一种广泛的社会现象。许多父母都希望自己的孩子能够出类拔萃，但过高的期望往往会给孩子带来沉重的心理压力，结果反而可能与父母的期望相去甚远。因此，作为父母，我们需要全面考虑问题，根据孩子的实际情况设定合理的期望。只有这样，我们才能帮助孩子建立健康的自我认同和自信心，让孩子在成长的道路上更加稳健地前行。

2. 导致孩子产生逆反心理和行为问题

父母的认知失衡可能导致一种极端的情况，即对孩子过度控制。过度控制让孩子感到被束缚，从而产生一种强烈的反抗心理。

王明作为博士研究生，按照父亲的期望，他应该继续深造或从事科研工作。然而，他却选择返回家乡经营民宿，这一决定显然与父亲的期望大相径庭。这一冲突的根源在于，父亲持有的传统教育观念和对王明的过度控制使得王明在长期受到压抑的环境中产生了强烈的逆反心理。

从心理学角度来看，逆反心理是孩子对过度控制的一种自然反应。当父母对孩子的期望过高，或者试图通过强制手段塑造孩子的行为时，孩子往往会感到被束缚和被限制，进而产生逃避或反抗的心理。王明选择从事民宿行业，可以视为他对父亲过度控制的一种反抗，也是他追求自由和独立的体现。

王明的案例不仅揭示了认知失衡对孩子心理健康的负面影响，更重要的是，它提醒我们要重新审视家庭教育的方式。作为父母，我们应该尊重孩子的个性和选择，避免过度控制和期望过高。只有建立在平等、理解和尊重的基础上的家庭教育，才能促进孩子的健康成长。

3. 限制孩子兴趣和创造力的发展

在儿童发展心理学领域，多位权威专家指出，孩子的兴趣和创造力是其个性发展的重要组成部分。然而，当父母的认知出现失衡，这一发展往往受到不必要的限制。父母的期望、对成功的片面定义以及对孩子潜能的忽视，都可能成为孩子多元化发展的绊脚石。

当孩子表现出对某一领域有浓厚的兴趣时，父母如果认知失衡，可能会试图引导孩子走向自己认为更正确或更有前途的道路，从而忽视了孩子真正的兴趣和潜能。孩子的创造力往往源于对未知的探索和实践。父母的过度干预和限制，实际上剥夺了孩子探索自己的潜能和兴趣的机会。每个孩子都有自己独特的天赋和梦想，当他的选择得不到父母的理解和支持时，他的自我实现之路就会受到阻碍。

父母的期望、教育观念以及对孩子兴趣的理解，构成了父母认知的核心，这些因素在孩子的成长轨迹中起着举足轻重的作用。当父母的期望不切实际时，孩子可能会承受沉重的心理负担；当父母的教育理念和孩子的选择相左时，亲子沟通变得困难。更为关键的是，父母要知道：当孩子对自己的兴趣和梦想展现出坚定的态度时，他们渴望得到父母的理解与支持。

第四节　克服认知失衡的策略

为了解决由父母的认知失衡所带来的诸多教育问题，确保孩子能够在健康、和谐的环境中茁壮成长，并实现全面发展，父母必须实施一系列经过深思熟虑的富有成效的教育策略。这些策略并非纸上谈兵、空洞无物，而是需要紧密结合孩子的实际情况灵活调整，以适应孩子独特的个性和多变的需求。

1. 制订个性化教育计划

父母应了解孩子的兴趣、优势、弱点以及学习目标，并据此设计适合孩子的学习活动。计划制订后，父母应还要定期审视实施效果并加以适当调整，确保计划始终与孩子的成长以及实际情况相匹配。

林逸飞自小就对科学实验充满好奇与热爱。然而，林逸飞的父母却希望他能专注于数学和英语，认为这些学科对他未来的学业和职业发展更为重要。

一次，林逸飞的父母参加了学校举办的一场科学讲座观摩会，当看到林逸飞站在台上，自信满满地讲解他的实验项目时，父母被深深打动了，决定全力支持儿子的梦想。

他们与老师进行了沟通，拜托老师给予林逸飞更多的关注和指导。同时，他们还为林逸飞购买了许多实验器材和书籍，鼓励他在家里进行实验探索。

此外，林逸飞的父母还为他报了周末的科学兴趣班，在这个兴趣班里，林逸飞不仅学到了更多新知识，还结识了一群志同道合的朋友，他与大家共同探索充满魅力的科学世界。

随着时间的推移，林逸飞的思维能力、动手能力和解决问题的能力都得到了极大的提升。更重要的是，他对科学的热爱和追求越来越强烈了。

2. 采用多元文化教育，拓宽孩子的视野

父母也可以采用多元文化教育，让孩子通过阅读多元文化的书籍、观看不同领域的纪录片或参加多种文化活动等，接触和了解不同的文化。了解多元文化，可以拓宽孩子的视野，全面建立

孩子的多元化认知，让孩子意识到这个世界是广阔的、多元的，有无限可能的。

3. 保持教育方面的一致性，营造和谐的家庭环境

父母之间应就孩子的教育问题进行充分的沟通，避免因为认知失衡而导致教育理念、教育方法冲突或不一致。同时，父母应努力营造一个和谐、支持性的家庭环境，让孩子感受到安全、被理解和关爱，使孩子拥有自信和健康的心态。

4. 以身作则，为孩子树立良好的榜样

父母的言行举止对孩子的影响是潜移默化的。为了克服认知失衡，并帮助孩子树立正确的价值观和行为习惯，父母需要以身作则，通过自己的良好行为为孩子树立榜样。

为了培养王小树的阅读习惯和环保意识，王小树的父母在家中经常阅读书籍、注重垃圾分类等。他们的行为对王小树产生了深远的影响，激发了他对阅读和环保的兴趣与重视，使他逐渐养成了良好的阅读习惯和环保意识。这种以身作则的教育方式不仅对孩子的全面发展具有积极意义，还能促进家庭和谐与亲子关系的融洽。

除了上述策略外，当父母在教育孩子的过程中遇到难以解决的问题时，还可以积极寻求专业教育人士或心理咨询师的帮助与支持。通过他们的专业指导和建议，父母可

以更好地理解孩子的需求和行为模式，从而制定出更加符合孩子实际的教育方案。

由此可见，克服亲子教育中的认知失衡需要父母付出足够的耐心和努力来不断学习，并调整自己的教育方式和教育方法。通过上述策略的实施等，父母可以与孩子建立起更加紧密、和谐的关系，并有效促进孩子的全面发展。

此外，主动和孩子做朋友也是一种效果显著的方法，这种方法不仅有助于减少亲子之间在认知上的冲突，还能极大地促进亲子关系的和谐发展。

与孩子做朋友意味着父母愿意放下身段，以平等、尊重的态度与孩子进行深入的交流。这样的态度能够让孩子真切地感受到父母的关爱和理解，从而更愿意向父母敞开心扉，分享自己的想法和感受。当父母能够以朋友的身份深入了解孩子的内心世界时，父母就能更准确地把握孩子的需求和兴趣点，进而减少或避免因误解而产生的认知冲突和情感隔阂。

与孩子做朋友还意味着父母愿意认真倾听孩子的意见和看法，并在家庭决策中给予孩子一定的发言权。这种做法不仅能够提升孩子的自主性和责任感，还能让孩子在家庭环境中找到真正的归属感。孩子如果感受到自己的声音被重视和被尊重时，就更有可能与父母达成共识，从而减少因为意见不合而产生的冲突和矛盾。

与孩子做朋友有助于父母及时了解和掌握最新的教育观念和教育方法。在与孩子的日常交往中，父母可以更加直观地观察到孩子的成长变化和社会环境的变化。这些信息对父母及时调整教育方式、满足孩子不断变化的需求至关重要。通过与孩子保持密切的沟通和交流，父母能够更好地适应孩子的成长节奏和变化，从而避免因为教育观念滞后或不合时宜而产生的认知冲突和矛盾。

综上，我们可以清晰地看到，父母与孩子做朋友是一种非常有效的减少认知冲突、增进亲子感情的方式。它不仅能够促进家庭教育的顺利进行，还能为孩子的全面发展提供坚实的支持和保障。

第四章

认知觉醒后，
重新认识孩子

父母认知觉醒后，需要重新认识孩子，这是一个深刻而重要的过程。这个过程涉及对孩子个性、需求、能力和潜力的全新理解，有助于建立更健康、更和谐的亲子关系，并对孩子的成长产生积极影响。

认知觉醒意味着父母开始意识到每个孩子都是独一无二的个体，而不仅仅是父母的附属品或期望的投射。这种觉醒可能源于对孩子的深入观察、自我反思或教育理念的更新。通过这种觉醒，父母能够更准确地把握孩子的性格特点、兴趣爱好和天赋才能，从而为孩子提供更加个性化的支持和引导。

父母接纳孩子的不完美是认知觉醒后重新认识孩子的关键一环。每个孩子都有自己的优点和不足之处，父母应理解个体差异，避免设定过高的期望，学会接纳和包容孩子的不足之处。

每个孩子有不完美的地方，更有其特点和天赋，而这些特点和天赋往往隐藏在他们的日常行为和兴趣中。通过重新认识孩子，找到孩子的与众不同之处，父母可以更深入地了解孩子的内心世界和潜能，进而为孩子提供更加个性化、更有针对性的支持和引导。

当父母认知觉醒并开始以新的视角看待孩子时，父母还需要引导孩子重新认识自己。这个过程对孩子的自我认知、自尊和自我效能感的建立至关重要。

通过重新认识孩子，父母可以与孩子建立更加紧密的亲子关系，促进孩子的全面发展。这种认知觉醒不仅有助于孩子的成长，还能让家庭氛围更加和谐融洽。同时，父母也能在这个过程中收获成长和喜悦，与孩子共同创造美好的回忆。

第一节　重新认识孩子，意识到孩子不是父母的复制品

　　我们常说每个孩子都是上天赐给父母的礼物，与父母有着独一无二的缘分，这种缘分不仅仅是血缘关系，更是一种深刻的精神连接和情感纽带。孩子带着自己独特的基因来到这个世界上，有独特的个性和潜力，是独立的个体，而不是父母的附属品或复制品。父母可能会对孩子的成长产生影响，但孩子的思想、性格、兴趣和天赋是由多种因素共同作用而形成的，包括遗传、环境、教育、社交经历等。因此，即便孩子与父母有着相似的外貌或某些相似的性格特点，他们仍然是独立的个体，有自己的思考和决策能力。

　　作为父母，我们应该尊重孩子的独立性和个性差异，鼓励孩子发展自己的潜力和兴趣，而不是试图将孩子塑造成我们所期望的样子。只有这样，孩子才能真正地成长为一个独立、自信、有价值的人。

　　夜幕降临，华灯初上。书房里，昏黄的灯光下，小丽孤独地坐在书桌前，面前摊开着一本厚厚的数学练习册。她的眼神显得有些空洞和迷茫，手中的笔在纸上无意识地画着圈。

　　突然，门外传来了脚步声，父亲推门而入，看着小丽面前几乎未动的练习册，眉头不自觉地皱了起来。

　　"小丽，你怎么还在这里发呆？这些数学题做了吗？"父亲的声音里透露出明显的不满和焦虑。

　　小丽抬起头，看了一眼父亲，又迅速低下头，小声地回应："我……我在做，但是有些题目不会做。"

　　父亲叹了口气，他无法理解为何自己如此聪明的女儿会在学习上遇到这么多困难。他坐在小丽身旁，试图指导她解题，但小丽的思绪似乎早已飘到了别处。

　　此时，母亲也走进了书房，她看了一眼小丽的练习册，语气中带着些许责备："小丽，你要加油啊，不能总是这样拖拖拉拉的。你爸爸和我小时候学习都很好，你怎么就不能像我们一样呢？"

　　听到这话，小丽心中一阵刺痛。她也想成为像父母那样的学霸，但现实却总是那么残酷。她开始怀疑自己是不是父母捡来的孩子，否则怎么会没有遗传到他们的聪明呢？

　　久而久之，小丽渐渐变得自卑起来，她不再愿意与父母沟通自己的学习情况，因为她害怕看到他们失望的眼神。每当父母提到学习，她就会默默地回到自己的房间，关上门，独自面对那份无奈和孤独。

父母与孩子之间血脉相连，因此父母很自然地会期望孩子能继承自己的优秀品质。这种期望在某种程度上有一定的遗传学依据，即某些特质可能会通过基因遗传给下一代。但现实生活中，父母是学霸，孩子就一定是学霸吗？很多时候事不遂人愿，人也未必如人愿。每个孩子都是独特的个体，如果父母一味地把孩子当成自己的复制品，认为自己能做到的孩子也一定能做到，可能会对孩子的心理健康、自我认同和个人发展产生严重的负面影响。

父母将自己的期望、价值观甚至未完成的梦想强加给孩子，会导致孩子承受巨大的压力，因为孩子可能无法满足这些不切实际的期望。此外，由于父母期望孩子与自己相似，他们可能难以接受孩子有不同的观点，忽视孩子的个性和兴趣，这样便限制了孩子在自己真正热爱的领域里的发展和探索。

孩子如果长期被视为父母的复制品，可能会失去对自己的认同，不知道自己真正的兴趣和价值观是什么，随着年龄的增长，可能会对父母强加给他们的期望表现出反抗，导致亲子关系紧张，甚至产生严重的行为问题。

　　所以，重新认识孩子，并意识到孩子不是父母的复制品，是父母认知觉醒过程中的一个重要转折点。那么父母要怎样做才能更好地重新认识孩子，并尊重孩子的独立性呢？我们可以尝试以下方式。

1. 接受孩子的独特性

　　父母需要明白，孩子虽然是自己生育的，但孩子的思想、性格、兴趣和天赋都是独一无二的。不要期望孩子成为父母的复制品或者实现父母未曾实现的梦想。

2. 尊重孩子的选择

　　当孩子表现出对特定活动感兴趣时，父母应尊重并鼓励孩子追求自己的兴趣，即使这些兴趣与父母的不同。

3. 避免过度干预孩子

　　父母不应过度控制孩子的生活，而是要给予孩子自由探索和学习的空间。过度干预会限制孩子的自主性和创造性。

4. 鼓励孩子独立思考

　　培养孩子独立思考和决策的能力。当孩子面临问题时，鼓励孩子自己寻找答案，而不是直接告诉孩子该怎么做。

5. 倾听孩子的声音

　　花时间与孩子交流，认真倾听孩子的想法和感受。这有助于父母了解孩子的内心世界，并认识到孩子是一个独立的个体。

6. 鼓励孩子发展个性

为孩子的独特性格和才能感到骄傲，并鼓励孩子发展自己的个性，展现自己的才华。

7. 学会放手

随着孩子的成长，父母需要学会适时放手，让孩子独立面对生活的挑战。这样，孩子才能学会自我依赖和自主决策。

通过重新认识孩子，并意识到孩子的独立性，父母可以与孩子建立更健康、更平等的亲子关系。这不仅有助于孩子的个人成长和发展，也能让父母在陪伴孩子成长的过程中获得更多的满足感和成就感。

第二节 重新认识孩子，要接纳孩子的不完美

俗话说："金无足赤，人无完人。"在自然界中，即使是看似纯净的金属，如黄金，也难以达到百分之百的纯度。同样，人类也是复杂多面的生物，每个人都有自己的优点和缺点、长处和短处。没有人能在所有方面都做到完美无缺。这是一个客观存在的事实，也是一个众所周知的道理。然而在现实生活中，一些父母往往对孩子抱有较高的期望，希望孩子能够出类拔萃，实现自己没有实现的梦想或达到自己设定的理想状态。当孩子没有达到父母的期望，表现得不完美时，这种期望与现实的落差可能会让父母感到难以接受，进而经常对孩子表达不满与失望，这种苛责使孩子变得自卑、焦虑甚至叛逆，严重影响亲子关系和孩子的健康成长。所以重新认识孩子，接纳孩子的不完美是每位父母在教育过程中必须经历的一个重要环节。父母学会接纳和支持孩子，尊

重孩子的个性和差异，是帮助孩子健康成长的重要一环。

橙意的母亲曾是舞蹈团的明星，每次登台都能吸引无数的目光。因此，她对女儿寄予了极高的期望，希望橙意能够在舞蹈上超越她，成为人群中的焦点。母亲无法接受橙意在舞蹈上的任何不完美，她总是要求橙意做到最好，拿到第一。但橙意在舞蹈上的天赋并不突出，她的身体协调性相对较差，学习新动作总比别人慢半拍。每当橙意与其他孩子一起练习舞蹈时，母亲总是在一旁紧张地观望，生怕女儿输给其他孩子。如果橙意的动作稍有不标准，或者节奏稍有不对，母亲就会立刻纠正，甚至当众批评她。"你怎么回事？这个动作我都教你多少遍了，怎么还做不好？你看看人家小红，做得多标准！"母亲的话语中充满了失望和不满。橙意很努力地练习，但她发现，无论自己如何努力，总是难以达到母亲的要求。她开始怀疑自己是否真的适合跳舞，是否真的有能力拿到第一。每当她看到其他孩子轻松地完成动作，而自己却还在原地踏步时，她的内心就充满了挫败感。

如果父母不能做到接纳孩子的不完美，可能对孩子的心理、情感和社交产生一系列不良后果。

自卑感和自我价值感下降：孩子认为自己总是达不到父母的

期望，可能会怀疑自己的能力和价值，从而产生自卑心理。

焦虑和抑郁：持续的压力和批评可能导致孩子出现焦虑甚至抑郁症状，影响孩子的心理健康。

反抗和叛逆行为：孩子可能会通过反抗或叛逆行为来表达对父母的不满，导致亲子关系紧张。

沟通障碍：孩子可能会避免与父母沟通，因为他们害怕被批评或指责，这会导致亲子之间的隔阂越来越大。

缺乏自信和自主决策的能力：长期处在父母的高期望和苛责下，孩子可能会变得害怕失败，不敢尝试新事物，缺乏自信和自主决策的能力。

影响学业：由于心理压力过大，孩子可能在学习中表现不佳，无法发挥自己的潜力。

形成错误的价值观：孩子可能会认为只有完美才是被接受和被爱的，从而忽视自己的真实需求和感受，过分追求外在的认可。

社交困难：孩子在与同龄人交往时，可能也会过分追求完美，导致难以建立真实、深入的人际关系。

接纳孩子的不完美是帮助孩子建立自信、培养情绪管理能力，以及促进孩子全面发展的关键。作为父母，我们应该学会欣赏和接纳孩子的独特性，给予孩子支持和鼓励，让孩子在成长的过程中更加自信、勇敢和坚韧。在现实生活中，父母应该注意以下几个方面：

1. 保持开放的心态

父母需要有一个开放和包容的心态，理解每个孩子都有其独特的成长轨迹和成长节奏。不完美是正常的，不要期望孩子是完美的，也不要总是把自己的孩子与其他孩子进行比较。

2. 尊重孩子的个性

认识到每个孩子都有其独特的个性和兴趣。父母应该尊重并鼓励孩子发展自己独特的才能，而不是强迫孩子符合某种理想的标准。

3. 关注孩子的努力和进步

不要只关注结果，更要看到孩子在成长过程中的努力和进步，给予孩子正面的反馈和鼓励，让孩子知道自己的每一次尝试和进步都能被看见和被赞赏。

4. 设定合理的期望

根据孩子的实际情况设定合理的期望。过高的期望会给孩子带来巨大的压力，而合理的期望可以帮助孩子建立自信，逐步挑战自己。

5. 强调内在价值

教育孩子重视自己的内在价值，而不是仅仅关注外在的成就或评价。帮助孩子建立积极的自我形象，认识到自己的独特性和价值。

父母认知觉醒并接纳孩子的不完美对于孩子的心理健康、潜能激发以及抗挫能力的培养都具有重要意义。这种认知的转变不仅有助于孩子的全面发展，还能为孩子未来的生活和事业奠定坚实的基础。

第三节 重新认识孩子，找到孩子的与众不同之处

在之前的篇章中，我们探讨过父母认知觉醒的重要性，强调父母需要意识到孩子不是父母的复制品，父母应当接纳孩子的不完美。更为关键的是，父母需要善于发现并珍视孩子的独特优点和与众不同之处。

当我们以全新的视角去审视孩子，就会发现孩子身上那些熠熠生辉的特质。孩子们各具特色，有的可能在音乐方面有着非凡的天赋，有的可能在科学探索中展现出超乎寻常的洞察力，还有的可能在艺术创作上表现出无与伦比的天赋。作为父母，我们的职责不只是纠正孩子的错误，更重要的是鼓励孩子发挥自己的特长，帮助孩子发掘自己的兴趣和热情。我们应当提供充足的资源和机会，让孩子能够自由探索并发展他们的潜能。

小宁是个性格内向但心地善良的孩子，但他的学习成绩总是不尽如人意。每次考完试后，他总是默默地攥紧拳头，心中的挫败感如潮水般涌来。小宁的父母看着他的试卷，眉头紧锁。他们曾对小宁寄予厚望，希望小宁能在学业上出类拔萃，但现实让他们怀疑：难道自己的孩子真的就比别人笨吗？这样的想法让家庭气氛紧张，亲子关系也变得岌岌可危。

一个周末的午后，小宁独自在房间里弹奏着钢琴，那悠扬的旋律穿透了房门。父母被这美妙的音乐吸引，他们静静地站在门外，聆听着孩子的演奏。那一刻，他们仿佛看到了一个全新的小宁，一个在音乐世界里自由翱翔的小宁。父母意识到，他们一直忽略了小宁在音乐上的天赋。小宁的指尖在琴键上跳跃，仿佛是在诉说着他的内心世界。父母决定放下过去的偏见，重新审视自己的孩子。

从那以后，父母开始全力支持小宁的音乐梦想。他们为小宁请了专业的音乐老师，还为他买了更好的乐器。小宁也不负众望，他的音乐才华得到了进一步的挖掘和提升，在父母的鼓励和支持下，小宁开始参加各种音乐比赛，并屡获佳绩。他的音乐才华得到了广泛的认可，甚至有音乐学院向他抛出橄榄枝。小宁找回了自信，他的生活也因此变得更加丰富多彩。

通过这个温馨的故事我们可以看到，父母认知觉醒，找到孩子的与众不同之处，具有极其重要的意义。

1. 增强孩子的自信心

当孩子发现自己的独特才能或特质被父母认可和鼓励时，他们会更加自信。这种自信不仅有助于孩子在特定领域的发展，还会影响孩子的整体自我认知和对生活的态度。

2. 促进孩子的个性化发展

每个孩子都有自己的兴趣和擅长的领域，当父母能够发现并尊重孩子的个性，就可以为孩子提供更加个性化的教育支持，让孩子在自己喜欢和擅长的领域得到更好的发展。

3. 改善亲子关系

当父母开始关注并欣赏孩子的独特之处，而非仅仅盯着孩子的学习成绩时，家庭氛围就会变得更加轻松和积极。这样的环境有助于增进父母与孩子之间的沟通和理解，从而改善亲子关系。

4. 培养孩子的创造力和创新精神

父母在鼓励孩子发展独特才能的过程中，无形中也培养了孩子的创造力和创新精神，因为这些才能往往需要孩子去探索未知、尝试新事物，甚至挑战传统观念。

5. 为孩子的未来奠定基础

在当今这个多元化的社会，拥有一项独特的技能往往能为孩子带来更多的机会和可能性。父母及早发现并培养孩子的才能，能够为孩子的未来职业规划和人生道路奠定基础。

6. 提升家庭教育的质量

通过认知觉醒，父母能够更加科学地对待孩子的教育，不再盲目追求分数和升入名校，而是真正关注孩子的全面发展和身心健康。这样的家庭教育方式无疑更加符合现代教育理念，也更有利于孩子的成长。

每个孩子都是独一无二的个体，都具有各自独特的潜能和个性。重新认识孩子，意味着我们要摒弃过时的教育理念和不切实际的期望，以开放的心态去接纳和理解孩子的独特性，避免一刀切的教育模式，尊重孩子的个性和发展节奏。只有这样，我们才能够更加全面地重新认识孩子，发现孩子的与众不同之处，并据此为孩子提供更适合的教育支持和成长环境。这将有助于孩子更好地发展自己的潜能，成为独特而优秀的个体。

第四节　认知觉醒后，带领孩子重新认识自己

　　父母的认知觉醒，其实是对传统教育观念和评价体系的一场深刻反思与勇敢革新。它要求父母从过去那种过分看重分数、仅关注升学的局限思维中抽离出来，开始用更加宽广、深邃的视角去重新解读和理解孩子。这种认知觉醒，赋予了父母一种能力，那就是能够洞察孩子心灵的深处，发掘孩子独一无二的才华与潜能，而不再是将孩子视为考试机器或互相攀比的对象。

　　更为关键的是，父母的这种认知觉醒意味着他们愿意承担起引导孩子重新认识自己的重任。在这个过程中，父母将化身为指路的明灯，陪伴孩子共同探寻孩子兴趣所在、激情所至、价值取向以及人生的终极目标。通过深度的沟通、共同参与的活动以及持续不断的鼓励，父母将帮助孩子构建起清晰的自我认知，从而使孩子明确自身的长处和短板，寻找到自己真正热爱的方向，建

立正确的自我意识和极强的自信心。重新认识自己，会让孩子在未来的征途中步伐更加稳健和自信。

孩子在成长的过程中可能会受到各种外界因素的影响，从而对自己的认知产生偏差。父母认知觉醒后，可以通过以下方式带领孩子重新认识自己。

1. 深入沟通，了解孩子的内心世界

父母要与孩子建立起深厚的信任关系，让孩子愿意分享自己的想法和感受。通过定期的家庭会议或者亲子活动，父母可以了解孩子在学校、社交圈以及个人兴趣方面的情况，从而更好地把握孩子的心理动态。

2. 提供多元化体验，发现孩子的兴趣所在

父母可以为孩子提供多个领域的活动方式和体验机会，如艺术、体育、科学等领域，让孩子在不同的领域中尝试和探索。通过观察孩子在各种活动中的表现，父母可以发现孩子的兴趣和天赋所在，从而为孩子提供更加个性化的教育支持。

3. 鼓励自我反思，培养孩子的自我意识

父母可以引导孩子定期进行自我反思，让孩子思考自己在各个方面的表现和进步。这不仅可以帮助孩子更好地认识自己，还能够培养孩子的自我管理能力和自我激励能力。

4. 尊重孩子的选择，支持孩子的梦想

当孩子对自己的未来有了明确的规划和梦想时，父母应该给

予充分的尊重和支持。即使孩子的选择与父母的期望不一致，父母也应该以开放的心态去接纳和理解，而不是强加干涉或者打击孩子的信心。

小林是一个初中二年级的学生，对于传统的学科学习，他总是提不起兴趣，因此成绩在班里一直处于中下游。这让小林渐渐变得自卑，他觉得自己无论付出多少努力都难以取得明显的进步。他的父母尽管不会要求孩子成为学霸，但也会为他的学习成绩感到焦虑。

一次偶然的机会，小林的父母参加了一场家庭教育讲座。讲座中，讲师的一席话让他们意识到了父母认知觉醒的重要性，同时也学到了引导孩子重新认识自己的方法。深受启发的小林父母决定调整他们的教育方式。

回家后，他们与小林进行了一次心灵对话。不同于以往只关注学习成绩的谈话，这次他们更多地询问小林对学习的感受，以及他个人的兴趣和梦想。小林坦诚地告诉父母，自己对摄影有着浓厚的兴趣，每当看到美丽的风景或有趣的瞬间，都渴望能用相机捕捉下来。但由于学业的压力和对成绩的过度追求，他从未有机会发展这一兴趣。

了解到这一点，小林的父母决定支持他的兴趣。他们不仅为小林购买了一台相机，还鼓励他加入摄影社团，参加专业的摄影培训课程。在父母的支持和鼓励下，小林全身心地投入摄影的学习中，他逐渐发现了自己在构图、光线运用等方面的天赋。

最终，在父母的持续鼓励和支持下，小林明确了自己未来的发展方向，决定报考艺术院校，将摄影这一兴趣转化为终生追求的职业。这一转变不仅让小林在学习上取得了显著的进步，在生活中也变得更加积极、自信，找到了真正属于自己的价值和快乐。

父母能够认知觉醒并带领孩子重新认识自己时，将发现孩子的独特之处并激发孩子的潜力。这不仅有助于孩子的个性化发展，还能够为孩子的未来奠定坚实的基础。

父母认知觉醒并引导孩子重新认识自我，是一个漫长且充满挑战的过程。在这一过程中，父母需要持有一种开放与包容的心态，去接纳并深入理解每个孩子独有的特质和才华。同时，父母要为孩子打造多元化的教育氛围与成长环境，这样孩子的个性和潜能才能得到充分发展。通过如此富有智慧与远见的教育方式，我们能够培育出更加自信坚定、独立自主且创造力充沛的新一代。

第五章

认知觉醒后，放下对孩子的控制

经历深刻的认知觉醒后，父母会领悟到每个孩子都是独一无二的个体，他们拥有自己的思想、情感和天赋。这种认知觉醒犹如一场革命，它敦促父母摒弃对孩子的操纵，以更加宽广的视野和同理心去接纳和理解孩子。孩子不再是满足父母期望的工具，而是拥有自己梦想和目标的独立个体。这样的转变，会让孩子感受到前所未有的尊重和自由，进而激发出孩子的主动性和责任感。

此外，觉醒后的父母会更加敏锐地捕捉到孩子的内心需求和真实感受，而不仅仅停留在对孩子表面行为的观察上。父母学会静心聆听，深入孩子的内心，感受孩子的挣扎与期待，为孩子提供坚实的支持和鼓励。这样的深厚感情，无疑会让孩子更加信任父母，更愿意敞开心扉分享自己的喜怒哀乐。

第一节 对孩子的控制欲 来自父母的焦虑与欲望

　　曾有一项调查显示，超过七成的父母坦言，他们对孩子的控制欲主要是出于对未来不确定性的恐惧和担忧。对孩子的过度控制，在很大程度上是由父母自身的焦虑情绪所驱动的。在这个日新月异、竞争异常激烈的社会环境中，无数父母为了子女的未来而殚精竭虑，他们害怕孩子将来无法适应这个瞬息万变的世界，因此试图通过严格控制孩子的行为和选择来确保孩子能够按照自己设定的路线稳步前行。殊不知，过度的控制往往会适得其反，不仅会让孩子感到被压抑、被束缚，进而引发孩子的叛逆情绪，更会在无形中损害亲子关系的和谐与融洽，甚至有可能对孩子的长远发展造成难以预测的不利影响。

　　爱因斯坦曾经说过："每个人都是天才。但如果你以爬树的能力去判断一条鱼，它终其一生都会认为自己是个蠢材。"这句话深刻地揭示了一个道理：每个孩子都是独一无二的，拥有与众不同的才能和潜力。然而，父母却常常忽视了这一点，他们往往试图将自己的期望和梦想强加给孩子，而忽略了孩子自身的兴趣和天赋。

冯聪的父亲曾是一个怀揣音乐梦想的年轻人，但由于种种原因未能实现自己的理想。于是，他将这份未竟的梦想寄托在了冯聪的身上，强迫他学习各种乐器、参加各类音乐比赛。然而，冯聪对音乐并无太多的兴趣和天赋，他的真正爱好是科学和数学。在父亲的强迫下，冯聪不得不学习音乐，这使得他不仅失去了原有的自信，甚至开始对音乐产生了排斥心理。

父母们必须清醒地认识到，每个孩子都是这个世界上独一无二的瑰宝，拥有独特的兴趣、才能和梦想。作为父母，我们的首要职责是去发现并尊重这些个体差异，给予孩子足够的自由和空间去探索未知、发展自我。正如著名教育家陶行知所言："教育孩子的全部秘密就在于相信孩子和解放孩子。"只有当父母们真正信任孩子、解放孩子时，孩子才能迸发出无穷的创造力和鲜活的生命力。

父母需要学会接纳孩子的不完美和缺点。因为在这个世界上，不存在十全十美的人。每个孩子都有其独特的优点，也有不足之处，父母应该更多地关注孩子在成长过程中的努力付出，而不是过分纠结于他们的错误和失败。当孩子遇到困难和挫折时，父母要做的不是指责和抱怨，而是给予孩子坚定的支持和鼓励，帮助孩子重新找回自信和勇气。

建立良好的沟通机制是家庭教育中不可或缺的重要环节。父母需要耐心地倾听孩子的内心声音和真实感受，深入了解孩子的需求和困惑所在。只有通过真诚而有效的沟通与交流，父母才能更好地走进孩子的内心世界，理解孩子的所思所想，并为他们提供更为精准有效的帮助与支持。

第二节　对孩子的控制欲 来自父母的不安全感

在教育孩子的过程中，许多父母肩负着双重重任。一方面，他们需要精心培育孩子，为其未来奠定坚实的基础；另一方面，他们也在心灵深处与自身的恐惧和不安进行着一场没有硝烟的战斗。这种不安全感，就像一股潜藏的暗流，时刻在他们内心涌动，对他们的教育理念产生深远的影响。诚如古人所言："父母之爱子，则为之计深远。"这既是父母之爱的体现，也透露出父母对孩子未来的深深忧虑。然而，这种不安全感有时隐藏得非常之深，以至于连父母本人都难以察觉。正是这股难以捉摸的不安感，可能在潜移默化中影响着父母与孩子的交流方式，进而对亲子关系的稳定构成威胁。

因此，这不仅仅是一场关于教育的战斗，更是一场关乎爱与成长的心灵较量。父母只有勇敢面对并克服内心的恐惧，才能为孩子指引出一条通向光明的道路。

　　深入探讨控制欲的根源，我们会发现，它往往与父母内心深处的不安全感紧密相连。这种不安全感就像一把无形的枷锁，束缚着父母的思想和行为，进而在无形中影响着他们对孩子的教育方式。具体来说，这种不安全感很可能源于父母的童年经历，如缺乏关爱、遭受伤害或其他不愉快的回忆，这些经历逐渐演变为一种心理防御机制，当孩子出现某些行为时，这种防御机制就会启动。

　　著名心理学家玛丽·爱因斯沃斯的研究为我们揭示了这一现象。她发现，那些在童年时期缺乏安全感的父母，在成年后更容易对孩子产生过度的控制欲。他们试图通过严格控制孩子的行为来塑造一个理想中"完美"的孩子，以此来弥补自己内心深处的缺失和不安。然而，这些父母可能并未意识到，他们行为背后的心理动机是如此复杂。

　　"月满则亏，水满则溢。"过度的控制往往会适得其反，它不仅可能阻碍孩子的自由发展和个性成长，更可能对孩子的心理健康造成不良影响。在严格控制的环境下，孩子可能会失去探索世界的勇气和创新能力，变得过于依赖他人，缺乏自信和主见。"爱之不以道，适所以害之也"，说的就是这种情况。

　　此外，社会环境的变化也在加剧父母内心的不安全感。在这个信息爆炸、社会竞争日趋激烈的时代，许多父母担心孩子无法跟上时代的步伐，未来无法在社会中立足。这种担忧和焦虑使得他们更加倾向于严格控制孩子的教育和成长轨迹，以期为孩子铺设一条通往成功的道路。然而，孩子的成长需要一步一个脚印，不能急于求成。

在这个快节奏、竞争激烈的社会中，父母们面临着巨大的压力和挑战。他们不仅要应对外部的竞争压力，还要面对自己内心的恐惧和不安。因此，他们更需要学会如何平衡对孩子的期望与保护孩子的兴趣和全面发展之间的关系。

然而，当父母试图过度控制孩子时，孩子可能会感到被束缚和被限制。他们仿佛被囚禁在笼中的小鸟一样渴望着自由飞翔和探索外面的世界。这种过度控制就像一道无形的枷锁严重制约了孩子的自由发展和个性成长。长期在严格控制的环境中成长的孩子可能会逐渐失去自我，变得依赖他人，缺乏自信和主见，甚至产生强烈的逆反心理，从而影响亲子关系的和谐以及对自己未来发展道路的选择。

因此，作为父母，我们应该认识到过度控制的危害性，并学会适当地放手，给予孩子更多的自由和空间去成长和探索，让孩子在真正自由的环境中茁壮成长，发展出健康、独立的个性。同时，我们也要关注孩子的心理健康和全面发展，帮助孩子建立自信心和培养孩子的自主性、创新能力和探索精神，为孩子的未来发展打下坚实的基础。只有这样，我们才能引领孩子走向更加光明的未来，实现真正的亲子共同成长与进步。

第三节　为孩子设定界限，是放下控制的第一步

在教育孩子的过程中，许多父母扮演着引导者与守护者的角色，他们肩负着培育子女的重任，同时也面临着如何把握管教与放手之间微妙平衡的挑战。这一平衡，稍有不慎便可能被打破。在这个过程中，为孩子设定合理的界限，不仅是规范孩子行为、促进其健康成长的关键，更是父母们学会放下控制欲、实现自我认知觉醒的重要一步。

那么，为何要为孩子设定界限？

为孩子设定界限，并非为了束缚他们，限制孩子自由飞翔，而是帮助孩子建立起对社会规则的正确理解，学会在规则中行动。设定界限，如同为孩子的成长道路绘制了一张清晰的地图，让孩子明白哪里是安全的区域，哪里是不可逾越的红线。这样，孩子在探索世界的过程中，才能够更加明确自己的方向和行为的

边界。

举个例子，假设一个家庭为孩子设定了晚上十点前必须回家的界限。这一界限并不是为了限制孩子的夜生活，而是出于对孩子安全的考虑，同时也是在培养孩子良好的时间管理能力和责任感。孩子习惯于遵守这一规则后，就会逐渐理解到，每个人都需要对自己的行为负责，这不仅关乎个人的安全和健康，也关系到家庭的和谐。

再比如，有的家庭会设定孩子使用电子产品的时间。这并不是剥夺孩子娱乐的权利，而是为了保护孩子的眼睛健康，防止孩子过度沉迷于虚拟世界，以及确保孩子有足够的时间去接触现实世界，进行体育锻炼和社交活动。通过这样的界限设定，孩子们逐渐学会如何平衡虚拟世界和现实生活，养成更加健康的生活方式。

因此，设定界限并不是为了限制孩子，而是为了引导孩子更好地理解社会规则，学会自我约束，并培养孩子的责任感和自主性。这些能力和品质将是孩子未来在社会中立足的基石。同时，通过设定合理的界限，父母也可以逐渐减少对孩子的过度控制，让孩子在安全的范围内自由探索、试错、学习和成长。这样，孩子就能够在自主性和规范性之间找到平衡，从而更加自信、独立地面对未来的挑战。

那么如何设定界限才会更为合理且有效呢？

首先，我们要明确设定界限的目的。设定界限并非为了限制孩子的自由，而是为了帮助孩子形成良好的行为习惯和生活方式。例如，我们为孩子设定每天的阅读时间，不仅是为了提高孩子的阅读能力和增加孩子的知识储备，更是为了培养孩子终身学习的习惯。这样的界限既有助于孩子的长远发展，也能让孩子在日常生活中逐渐形成良好的自我管理能力。

其次，与孩子共同设定界限是至关重要的。我们可以邀请孩子一起参与界限的设定过程，充分听取孩子的意见和建议。以家庭作业完成时间为例，我们可以与孩子一起讨论并设定一个合理的作业完成时间，同时给予孩子一定的自主权和灵活性。这样，孩子不仅能感受到被尊重和被信任，也更有可能自觉地遵守和执行这一界限，从而提高学习效率。

再次，界限一旦被设定，就必须坚定地遵守。父母更要以身作则，成为孩子的榜样。我们不能只是口头上为孩子设定界限，而是要以自己的实际行动来示范和引领孩子。比如我们不能因为某些特殊情况或自身情绪的影响而随意突破界限，否则会让孩子对界限产生怀疑和不信任。我们要坚定地遵守之前设定的界限，让孩子明确知道界限的严肃性和不可逾越性。同时，当孩子打破界限时，我们要以引导和教育为主，帮助孩子理解界限的意义和重要性，并帮助孩子学会自我反思和纠正错误。

最后，父母要以身作则，成为孩子的榜样。

当然，随着孩子的成长和进步，我们也需要灵活地调整界限。我们要根据孩子的实际情况和需求，适时放宽或收紧某些界限，以适应孩子的成长变化。

设定界限是一个需要综合考虑多方面因素的复杂过程。我们只有明确目的、与孩子共同设定、坚定遵守、灵活调整、以身作则并注重引导与解释，才能帮助孩子在健康、有序的环境中成长。

为孩子精心设定合理的界限，实则是父母放下过度控制欲、让孩子自由成长的关键一步。设定界限，不是为了束缚，而是为了引领；不是为了限制，而是为了更好地释放。

首先，明确界限的目的至关重要。这不仅仅是为了保护孩子免受外界伤害，更是为了激发孩子的内在潜能，帮助孩子学会自我管理并培养责任感。当孩子明白哪些行为是被鼓励的，哪些行为是需要避免的，就能在日常生活中更好地做出选择，从而逐步培养起自律性和自主性。

其次，与孩子共同设定界限体现了家庭教育的平等与尊重。这不仅是一个设定界限的过程，更是一个亲子沟通、相互理解的过程。在与孩子共同设定界限的过程中，父母要鼓励孩子提问、表达想法，这样设定的界限才能更加贴近孩子的实际需求，也更容易得到孩子的认可和遵守。

再次，坚定地遵守界限和灵活调整界限是相辅相成的。坚定地遵守界限能让孩子感受到规则的严肃性，从而培养孩子的敬畏心和遵守规则的习惯；而灵活调整界限则能让界限更加符合孩子成长的实际需要，避免过于刻板或滞后。这就像是一棵成长的树，既需要坚实的根基，也需要灵活的枝叶。

最后，当孩子打破界限时，父母的引导与解释至关重要。这不仅是纠正错误的过程，更是帮助孩子建立正确价值观的过程。诚如卢梭认为的，教育的最大的秘诀是使身体锻炼和思想锻炼互相调剂。当孩子打破界限时，我们既要通过适当的惩罚让孩子认识到错误的严重性，也要通过耐心的解释和引导帮助孩子理解界限背后的意义和价值。

此外，设定界限的过程也是父母实现自我认知觉醒的必经之路。在这个过程中，父母需要不断地反思和调整自己的教育方式和教育方法，以适应孩子的成长需求并促进他们的全面发展。孔子云："学而不思则罔，思而不学则殆。"只有不断地学习和反思，我们才能成为更好的父母。

简而言之，为孩子设定合理的界限不仅是父母放下控制欲的重要一步，更是帮助孩子学会自我管理、培养孩子的责任感以及促进父母自我认知觉醒的有效途径。让我们携手共筑一个既自由又有界限的成长环境吧！

第四节　给孩子犯错的空间，是放下控制的关键

在教育孩子的过程中，无数父母怀着对孩子未来的殷切期望，常常会不自觉地试图掌控孩子的人生轨迹，以期为孩子打造一条看似平坦的成长之路。然而，父母必须认识到，教育的真谛并非在于塑造一个毫无瑕疵、从不犯错的"完人"，而是在于悉心培育出一个具备独立思考能力，敢于冒险探索，勇于直面挫折与挑战的健全个体。因此，给孩子犯错空间，让孩子在实践中学习、在错误中成长，就显得尤为重要。这不仅是父母放下过度控制欲、赋予孩子更多自主权的关键所在，更是引领孩子走向自主性与创造性发展之路的必然选择。唯有如此，孩子才能在广阔的人生舞台上自信地施展才华，勇敢地追寻梦想。

父母先要弄清一个问题，为何要给孩子犯错的空间？

第一，培养孩子的自主性。给孩子犯错的空间对培养孩子的

自主性至关重要。孩子被允许在安全的范围内自由探索、尝试，并被允许犯错时，就不再是简单地执行父母的命令或依赖他人的决策，而是会进行独立思考和选择。例如，让孩子自己决定布置房间或选择课外活动，即使他们的选择不是最理想的，他们也能从中学习到承担决策带来的后果。这样的过程不仅锻炼了孩子的思考能力，还让他们逐渐学会承担责任，从而培养出他们坚定的自主性。

第二，增强孩子的韧性。面对错误和挫折，孩子能够学会坚强和重新站起来，这对他们未来的生活和职业发展具有举足轻重的意义。人生不可能一帆风顺，每个人都会遇到困难和挑战。如果孩子从小没有经历过挫折，那么在未来面对困难时，他们可能会因为缺乏应对经验而感到无助和沮丧。相反，那些被允许犯错的孩子，在遭遇挫折时会更加坚忍不拔。例如，一个在学习上犯过错误并努力改正的孩子，在面对未来的学习挑战时会更有信心和毅力。这种从错误中汲取教训、重新站起来的韧性，将成为孩子人生道路上的宝贵财富。

第三，激发孩子的创造力。在尝试和犯错的过程中，孩子可能会发现新的玩法、解决问题的方法或创新的点子。创造性往往源于对旧有规则的挑战和突破，而这需要孩子有足够的自由去探索未知领域。当孩子被允许犯错时，他们不再拘泥于传统的思维模式，而是敢于尝试新的方法和路径。例如，一个孩子在玩耍的过程中可能会尝试用不同的材料制作玩具，或者发明一种新的游戏规则。虽然这些尝试可能会失败，但正是这些失败激发了孩子的创造力和想象力，为他们未来的创新之路奠定了基础。

那么，如何给孩子犯错的空间呢？

首先，设定安全的犯错环境至关重要。比如，为孩子准备一个专门的儿童活动区，里面铺设柔软的防摔地垫，摆放了各种无毒、耐摔的玩具和材料。这样的环境设计，就是为了确保孩子能够尽情探索、玩耍。在这个过程中，即使孩子不慎摔倒或碰撞，也能将伤害降到最低。同时，父母也要注重孩子的心理安全，当孩子犯错时，父母要以理解和包容的态度来对待孩子，避免让孩子因为害怕被责备而不敢尝试。

> 彭彭对绘画产生了浓厚的兴趣，于是父母为他准备了一个专门的绘画角落，还提供了各种绘画材料和纸张。彭彭在这个角落里可以自由地发挥他的想象力，尽管他的画作可能并不完美，但有时也会因为别出心裁的混合，而使颜料呈现意想不到的效果。这一切都是在一个安全、包容的环境中进行的，因此他能够无所顾忌地创作。

其次，鼓励尝试与探索是培养孩子创新精神和勇气的重要方式。当孩子对新事物表现出兴趣时，父母要勇敢地放手，让孩子去尝试和探索。

再次，当孩子犯错时，父母要引导孩子从错误中学习。例如，小华在搭建积木的过程中，因为急于求成而导致积木倒塌。父母并没有责备他，而是与他一起分析倒塌的原因，并讨论如何改进搭建方法。通过这样的引导，小华不仅学会了如何搭建积木才能更稳固，还领悟到了耐心和细心的重要性。

同时，父母要给予孩子积极的反馈和支持。每当孩子尝试新事物或面对挫折时，父母要及时给予肯定和鼓励，要让孩子知道，无论结果如何，他们的努力和勇气都是值得赞赏的。这样的支持和鼓励能够让孩子更加自信地面对未来的挑战。

最后，父母要以身作则，展示容错态度。父母要勇于承认自己的错误，并从中学习和寻求改进。例如，当父母在烹饪的过程中不小心打翻了调料瓶时，可以借此机会向孩子展示如何清理现场、总结经验并避免类似错误再次发生。这样的行为示范能够让孩子明白，犯错并不可怕，重要的是如何从中汲取经验并不断进步。

在亲子教育的道路上，允许孩子犯错是摆脱过度控制、实现教育自主性的关键所在。正如萧伯纳所言："一个尝试错误的人生，不但比无所事事的人生更荣耀，并且更有意义。"父母为孩子打造一个安全的探索空间，鼓励孩子勇敢地尝试、不畏失败，指导孩子从每一次的失败中汲取教训，用鼓励和支持为孩子的每一次努力喝彩，并以身作则，树立一个宽容、勇于改正错误的榜样。这一系列举措，旨在培养孩子的自主性，强化孩子的心理韧性，并点燃孩子的创造火花。在此过程中，孩子不仅能够从失败中汲取智慧，更能够在父母的理解与陪伴中感受到深深的信任与尊重。由此，亲子之间的情感联系也越发紧密与深厚。

当我们学会放手，就会发现，我们所培育的，是一个个能够独立思考、大胆探索且不畏挫折的勇敢灵魂。这样的教育成果，远比追求"完人"更为珍贵，也更具深远意义。

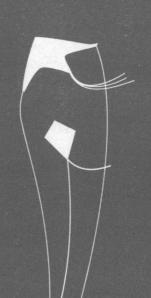

第六章

认知觉醒后，
改变与孩子的
沟通方式

　　父母认知觉醒，意味着他们开始意识到，与孩子交流不仅仅是简单地传递信息，更是建立一种关心、尊重和理解的沟通模式。他们明白语言暴力所带来的伤害是深远的，可能会摧毁孩子内心的自信和安全感。认知觉醒后，父母意识到，学会倾听是与孩子建立真正连接的关键。倾听不仅仅是听取信息，更是关注孩子的情感需求，理解其内心感受，打开孩子的心门。通过倾听，父母能够与孩子建立起互信，达成共鸣，从而促进亲子关系的和谐与融洽。

　　也许你会说："我也想倾听孩子的心声，但孩子根本不愿意跟我说话，在他眼里，我好像是个老古董！"这就要求父母不仅要说，还要能用孩子听得懂的方式去说，以平等和尊重的态度与孩子交流。父母认知觉醒后，他们开始明白，改变沟通方式不仅是为了提高沟通效果，更是为了与孩子建立起一种深刻的心灵连接，并让这种连接成为亲子关系中最为重要的支柱。

第一节　语言暴力摧毁孩子的沟通欲望

在家庭教育中，有些父母在与孩子交流时，可能会不自觉地使用一些伤害性的言语，对孩子进行责骂、讽刺、威胁或不当批评，这就是所谓语言暴力。这种负面的沟通方式不仅会影响孩子的情感健康，还会摧毁孩子的沟通欲望，导致孩子不愿与父母交流、分享和表达自己的真实想法和感受。然而，我们很无奈地看到，这些父母在用语言伤害孩子心灵、侮辱孩子人格、摧毁孩子的沟通欲望之后，还完全没有意识到自己的问题，甚至觉得相当委屈："我不就是管孩子吗？我们小时候也是被这么管的呀？"可是这些父母并没有想过，如果他们儿时没有受到这样的伤害，或许现在可以成为更好的自己。

孩子小的时候常常用行为来表达自己的感受和需要，但有时候父母搞不清楚孩子为什么会有这样的表现。比如，孩子总是胆怯、笨拙，这可能是因为他们害怕因做得不好而挨骂；孩子很脆弱，这可能是因为之前因父母的责骂而受过心灵的伤害。所以，父母要做的是深入认知孩子行为背后的原因，试着理解孩子，而不是简单地责备和批评孩子。

有时候，父母由于压力、情绪不稳定或者教养方式不当，会对孩子说刻薄和伤人的话语。这种语言暴力会伤害孩子的自尊心和自信心，可能让孩子感到自卑、怯懦，进而影响他们的情感健康和人际交往能力。通过认知觉醒，父母意识到语言伤害对孩子的影响极其重要，所以会尽量避免语言暴力。

刘玉梅是一位单亲妈妈，工作压力和家庭琐事交织在一起，使得她一直处于高度紧张的情绪之中。这天，她的女儿在做作业时不小心犯了一个错误。她本来应该耐心地辅导女儿，却由于过度紧张而情绪失控，突然大声指责道："你怎么这么笨？每次都犯同样的错误！你根本就不听话！"女儿听到妈妈这番话愣住了，虽然她没有顶嘴，也没有哭泣，但她的内心还是受到了伤害。在接下来的日子里，女儿开始避免与妈妈交流，也不再让妈妈辅导自己做作业，作业和考试中一旦出现错误，她就特别紧张，生怕再次受到妈妈的责备。甚至在学校和同学交流时，她也变得不敢坦率表达自己的想法，开始逐渐封闭自己的内心世界……

在认知觉醒之前，有些父母可能与案例中的刘玉梅一样，不知道自己的语言是带刺的。父母的认知觉醒通常源于一些关键的转折点，比如案例中的因情绪失控而斥责孩子，继而引发一系列不良影响。这样的事件可能会让父母开始反思自己的行为，并怀疑自己教育孩子的方式是否正确。还有可能是因为受到外界的启发或教育，让父母意识到他们对孩子的态度和行为对孩子的成长有着不可忽视的影响。

孩子作业完成得不好，父母当然可以进行辅导，但在辅导的过程中应该就事论事，针对具体问题提出建议，而不应该呵斥孩子，更不应该用"你怎么这么笨""猪都教会了，就你教不会"等语言对孩子进行人身攻击或侮辱孩子的自尊。也许有的父母并没有意识到这样的语言就是暴力的、有辱人格的语言。实际上，这样的语言不是对具体行为或行动的批评，而是针对孩子所具有的特质、能力或价值进行侮辱和贬低。父母是在质疑孩子的智商和能力，给孩子贴上"笨""愚蠢"等标签，从而暗示孩子无能和无价值，这触碰到了孩子最为敏感和脆弱的部分。同时，有些父母在责骂孩子时，常常伴随着嘲讽、轻蔑的语气，这更加强了语言的侮辱性和伤害性，直接损害了孩子的自尊心和自信心。

此类语言的负面影响是非常深远的，它可能导致孩子产生自卑、焦虑、沮丧等负面情绪，甚至影响到孩子的自我认知和未来发展。

　　在家庭教育中，父母的言行对孩子的影响尤为重要，因此采取尊重、鼓励和支持的方式来引导孩子成长，是培养孩子自信的重要一环。认知是改变的第一步，只要意识到了语言暴力的危害性，我们就可以采取一些措施来修复、弥补孩子受伤的心灵。

第二节　倾听是打开孩子心门的钥匙

　　很多父母认知觉醒之后已经意识到，每个孩子都是独立的个体，拥有着自己独特的想法、感受和需求。孩子在成长过程中会逐渐建立起自我意识，学会表达自己的意愿和情感。正因为孩子不是没有思想的洋娃娃，所以父母要想与孩子沟通，就要像与成年人沟通一样，主动倾听孩子的声音，将孩子视为和自己一样有自我意识的人，尊重孩子的想法，与孩子建立平等、亲近的关系，从而畅通沟通渠道。

　　很多父母会有这样的想法："我当然想跟孩子沟通呀！问题是孩子见到我就什么都不说，或者净说些无关紧要的事，我看他跟他的同学倒是有说有笑，话多得很。"有这样想法的父母不妨静下心来回忆一下，当孩子曾经愿意与你分享他的想法和兴趣时，你的态度是怎样的。你是认认真真地听他说，像朋友一样与他聊天，还是没等他说完就开始滔滔不绝地说教、指导，或者假装在听，实际上却将注意力集中在了手机上？

儿童心理学经过长时间的研究已经证实，父母的倾听对儿童人格塑造、心智发育、心理健康等方面的重要性甚至高于语言沟通。因为一旦缺少倾听者，儿童的语言沟通就成为单向输出，儿童便无法得到正面的反馈和激励；有些父母完全忽略孩子所说的话，甚至为了安静不让孩子畅快地说话，那么沟通的渠道就被堵塞，沟通也就不存在了。沟通对孩子来说非常重要。

1. 沟通能够建立安全感和依恋关系

通过父母或照顾者的倾听和回应，孩子能够感受到被关注和被理解，从而与父母或照顾者建立安全的依恋关系。这种安全感有助于孩子获得自我认同和建立人际关系。

2. 沟通有助于情感表达，培养自我管理能力

孩子经常通过言语或行为表达自己的情感和需求，倾听则为孩子提供了一个有效的情感宣泄途径。父母倾听并理解孩子的情感表达，可以帮助孩子更好地认识和调节自己的情绪，培养孩子的情商和自我管理能力。

3. 沟通可以促进心智发展

通过倾听和交流，孩子有机会表达自己的想法、观点，提高自我意识和自我理解。父母的倾听和引导可以激发孩子的好奇心和思考力，促进孩子的认知能力和思维的发展。

4. 沟通能够提升自尊和自信

当父母倾听并肯定孩子的想法和观点时，能够给予孩子一种被接纳和被赞扬的感觉，增强孩子的自尊心和自信心。这种正面的反馈有助于培养孩子的自我价值感和积极的态度。

认知觉醒后，父母能够认识到倾听对孩子健康成长的重要性。但是，"听" ≠ "倾听"，真正的倾听需要集中精神，认真思考对方话中的意思，并辅以眼神、表情等，鼓励对方继续说下去，而不是随便听听，敷衍两句就行的。那么，父母到底要怎么做，才能实现真正有意义的倾听呢？

首先，父母要在孩子表达时专注倾听，并展现出真诚的关心和关注。比如，当孩子回家后兴奋地分享一天的学校生活时，父母可以停下手中的事情，看着孩子的眼睛，微笑着示意孩子继续说下去，让孩子感受到自己的话语是被尊重和被重视的。父母还可以用亲切的语言回应孩子，比如："我很想听听你今天在学校都经历了什么，可以和我分享一下吗？"鼓励孩子继续分享。

其次，父母要给孩子充分的时间表达自己的想法和感受，不要打断或干扰孩子的表达。当孩子对某个问题感到困惑时，父母需要耐心聆听孩子的讲述，不要急着给出答案或指导，让孩子完整陈述自己的问题和疑惑。父母可以通过提问的方式鼓励孩子继续说下去，比如："你可以详细说说事情发生时的具体情况吗？"这样可以激发孩子更加深入地表达自己的想法。孩子往往在讲述的过程中就已经把问题和疑惑梳理了一遍，自己心里也可能有了解决的办法。这时，父母不妨鼓励孩子说说自己打算怎么办，当孩子真的需要帮助时，父母再提供适当的帮助。如果孩子能够想出恰当的解决方法，父母就不要横加干涉，而是让孩子根据自己的想法去做。

再次，父母可以通过提出问题和反馈来帮助孩子更好地表达自己的想法，并确保正确理解了孩子的意思。比如，当孩子分享一件引起内心矛盾的事情时，父母可以用开放式的问题引导孩子思考和表达，如："你觉得这件事情会对你产生什么影响呢？"启发孩子深入思考，帮助孩子更清晰地表达自己的情感和需求。同时，父母可以适时地给予孩子反馈，比如"你当时一定很委屈，对吗"，以确保双方理解一致。

最后，父母要表现出对孩子的尊重和信任，鼓励孩子坦诚表达自己的想法和感受，不要轻易给予批评或否定。比如，当孩子表达的观点与父母的不同时，父母可以用理解和包容的语言来回应孩子，比如："我明白你的想法，每个人都有不同的看法和感受，这很正常。"这样可以让孩子感受到自己被接纳和被尊重，从而增进亲子间的理解和信任。但如果父母还没听孩子把话说完就妄下判断，用"你就是不听话""随便你吧，失败了可不要哭"一类的话打击、否定孩子，就有可能会打击孩子的自信。

总而言之，倾听是父母与孩子之间建立深层连接的关键。认知觉醒的父母会意识到，倾听就像打开孩子心扉的一把钥匙，通过它，父母可以深入了解孩子的内心世界、需求和感受，从而与孩子建立起更加亲密的关系。

第三节　用孩子听得懂的方式与孩子沟通

　　父母用倾听这把钥匙打开孩子的心扉，并不代表就能顺利地与孩子进行沟通了。思维方式决定说话方式。作为成年人的父母，由于思维方式与儿童的大相径庭，所以在沟通方式上会存在很大差异。成年人的思维通常更加成熟并具有逻辑性，他们会使用更为抽象和复杂的语言来表达自己的想法和观点。相比之下，儿童的思维方式则更为简单和直接，他们更倾向于表达具体的经验和感受。这种差异导致双方在沟通中存在理解障碍。

　　亲子沟通的方式是非常重要的，因为年龄、身体、力量上都处于弱势，孩子从出生开始，就不得不面临生活中的重重困难。为了生存，他们只能依赖父母的照顾。因此，孩子实际上比我们想象中更加敏感，更加关注父母的情绪、语言、语调等。强制性的、命令式的沟通方式可能会让孩子因感受到父母的权威而暂时妥协、屈服，却也可能严重地破坏孩子的安全感和自我价值感，让孩子感到被忽视、被压抑，导致孩子形成自卑情绪或者产生逆反心理和抵触情绪，这对于孩子的成长是百害而无一利的。

在一个寒冷的冬日晚上，高中生李天杰在书桌前埋头苦读，他感到心情沉重，因为期末考试即将到来，而他的成绩一直不尽如人意。突然，妈妈走进房间，看到他还在学习，便开始询问他的复习情况。李天杰支支吾吾地应付了妈妈一下，因为心虚，他并没有说得很清楚。

看到李天杰支支吾吾的样子，妈妈开始严肃地训斥起来："你这样的成绩怎么行？难道你就没看到其他同学都在努力学习吗？你要好好反省一下，为什么总是拖拖拉拉，一点儿进步都没有！如果你再考砸了，就别想出去玩了！"

听完妈妈的话，李天杰感到更加沮丧和失落了。他觉得压力更加沉重，无法集中精力学习。他试图向妈妈表达自己的困扰和需要帮助的愿望，但妈妈却只是强调他的错误和责任，让他感到无助和孤独。

在这个案例中，妈妈使用了指责和威胁的方式来和李天杰沟通，而忽视了他背后的压力和困惑。如果妈妈能够耐心地倾听李天杰内心的声音，理解他目前的困境和压力，或许会让沟通更加顺畅，也能更好地帮助他应对考试压力。

与案例中这个妈妈的做法相反，认知觉醒之后的父母会意识到建立积极的亲子沟通的重要性，也能意识到应该尊重、倾听和理解孩子，倡导平等和尊重彼此观点的沟通方式。

认知觉醒后，父母认识到，孩子从很小的时候起就渴望身边的人将其视为独立的人，孩子有多方面的成长需求和情感需要。首先，孩子渴望获得更多的自主权和独立性，希望展现自己的能力，因此希望被视为与大人一样的重要成员。其次，孩子天生具有模仿的倾向，当父母平等地对待孩子时，孩子会感到自己得到了认可和尊重，进而更加努力地模仿和学习成人的行为。此外，孩子希望父母能够理解和尊重他们的想法、感受和意见，当父母将他们当成独立的人时，孩子会感受到被父母重视和认可，这样就有助于亲子之间建立起更加平等和开放的沟通关系。

平等的沟通方式体现了父母对孩子个体的尊重和理解，重视孩子的想法和观点，以平等和开放的态度对待孩子。在这种沟通氛围下，孩子感受到被认可和被重视，有助于培养孩子的独立性和自信心。要与孩子进行平等的沟通，父母首先要尊重孩子的意见和决定。在重要问题上，应给予孩子表达自己想法和意见的机会，让孩子感受到被理解和被重视，感受到自己也是家庭中的一员。同时，父母也要在家庭中建立开放、坦诚的沟通氛围，鼓励孩子独立思考和解决问题，培养孩子的判断力和自主能力，让孩子在决策中承担责任，促进孩子健康成长。

家庭会议是一种不错的亲子沟通方式。在家庭会议中，父母与孩子之间坦诚交流，一起参与家庭事务、规划活动，共同制定规则和目标。让孩子参与决策和管理家庭事务，能够培养孩子的责任感和合作精神；分享彼此的感受和想法，共同解决问题，能够增进亲子之间的理解和亲密关系。

夏天来临了，一家四口正在计划他们的暑假旅行。爸爸、妈妈和两个孩子坐在客厅里，开始讨论这个重要的问题。

爸爸说："这个假期我们可以去海边度假，也可以去山区野营，你们有什么想法吗？"

儿子笑着说道："我想去海边玩水，在那里可以游泳、堆沙堡，感受海风。"

女儿却说："我想去山区野营，在那里可以看星星、烤棉花糖，感受大自然的美好。"

爸爸和妈妈面面相觑，开始思考该如何做出选择。

妈妈看着两个孩子，温和地说："既然大家有不同的想法，我们为什么不考虑一下两个地方都去呢？先去海边度假一段时间，然后再去山区野营，这样大家都可以得到自己想要的体验。"

爸爸和孩子们听后都很开心，觉得这是一个很好的主意。

于是，一家人制订了详细的旅行计划，包括在海边的玩耍和在山区的野营活动。在制订计划的过程中，父母始终保持平等和开放的心态，尊重孩子的意见和想法，尊重孩子的选择和决定，让孩子们感受到被理解和被重视。

除了家庭会议之外，还有许多其他方式可以促进亲子之间的平等沟通。

1. 共同参与家务劳动

父母可以邀请孩子一起参与家务劳动，如一起做饭、打扫房间、洗碗等，通过参加这些共同的劳动培养孩子的责任感和合作意识，同时在劳动过程中进行轻松愉快的沟通。

2. 共读和讨论

选择一本适合亲子阅读的书，父母与孩子一起阅读并讨论书中的内容，分享彼此的想法和感受，促进彼此心灵上的交流和互动。

3. 户外运动和探索活动

一起进行户外运动和探索活动，如散步、骑车、郊游等，营造出放松愉快的氛围，让父母和孩子在运动中自由交流，增进互相的了解。

4. 艺术和手工创作

共同进行艺术和手工创作，如绘画、手工制作等，创作的过程能展现出彼此的想象力和创造力，从而促进亲子间的情感交流。

5. 亲子游戏和竞赛

进行一些亲子游戏或竞赛，如棋类游戏、拼图比赛等，在游戏中加强亲子之间的互动和竞争，培养孩子的团队精神和合作意识。

6. 安排主题性谈话时间

每天安排一段时间，父母和孩子专门进行主题性的谈话，分享彼此的想法和感受，讨论生活中的问题和挑战，加深彼此的理解和信任。

通过以上方式，父母和孩子可以在日常生活中平等地、互相尊重地沟通，不仅可以促进亲子之间的情感交流和互动，培养孩子的自信心和独立性，还可以增进家庭成员之间的亲密关系和信任基础，建立积极健康的亲子关系，让孩子在温暖的家庭氛围中茁壮成长。

第四节　积极反馈，
让孩子爱上与父母沟通

在家庭中，良好的亲子沟通是构建亲密关系和保障孩子健康成长的基石，而积极反馈作为亲子沟通的关键环节，有着不可低估的作用。积极反馈是指以正面的、支持性的方式回应孩子的言行，肯定孩子的努力和成就，让孩子感受到被尊重和被重视。在这个快节奏的、竞争激烈的社会环境中，父母需要认识到积极反馈在亲子关系中的重要性，以便建立亲子间的信任和理解，让孩子愿意与父母开展更加深入和有意义的沟通，共同营造一个温馨和谐的家庭氛围。

首先，积极反馈能让孩子感受到被接纳和被认可，有助于孩子建立自尊和自信，从而建立起健康的心理素质。其次，积极反馈能够激发孩子持续努力、积极向上的斗志，让孩子不断追求进步和提升自我。此外，积极反馈还能够促进孩子的学习与成长，帮助孩子更好地认识到自己的优点和能力，从而更有信心地面对挑战和困难。

积极反馈并不难，只需要父母关注并重视孩子的每一点进步与改变，发自内心地肯定孩子。一般来说，我们可以通过以下几种方法给予孩子需要的积极反馈。

1. 肯定和鼓励

父母可以表达对孩子优点、努力和成就的肯定，从而增强孩子的自尊心和自信心。要注意，积极反馈应该是肯定，即肯定孩子的现有状态；鼓励，即鼓励孩子在现有基础上进一步发展。这不同于表扬和赞扬，我们可以通过一个例子来看看它们之间的区别。

当孩子认真地画了一幅画，并将它拿给父母看时，父母可以这样肯定孩子："你的这幅画用了很多种颜色，我觉得你对色彩的敏锐度很高。"这种反馈强调对孩子当前能力的认可，是真诚而积极的。

接着，父母可以进一步鼓励："你可以尝试更多不同的颜色并试着把它们随意混合起来，说不定会有新的发现！"这样的反馈鼓励孩子在现有基础上进一步发展，提供了积极的动力和方向。

相比之下，如果父母只是简单地说："你的画很漂亮!"这种表扬虽然会让孩子觉得得到了肯定,但缺乏具体的、深入的引导,无法帮助孩子继续成长和进步。而如果父母过分夸大孩子的能力,比如说:"你的画比其他孩子画得都好!"这种赞扬可能会让孩子产生不必要的压力和自我期望,导致对自身能力的错误判断。

2. 提供具体、明确的建议

提供具体、明确的建议可以帮助孩子更好地理解自己的优点和认识自己的成长空间。除了表达对孩子的肯定外,父母还可以提供有针对性的指导和建议,让孩子明白自己的优势和改进方向。例如,孩子在数学考试中取得了进步,父母可以说:"我看到你在数学上有很大的进步,特别是在解决复杂问题方面。你在准备考试时很用心,这样的努力是值得称赞的。接下来,我们可以找些更有挑战性的题目来练习,帮助你在这方面变得更强。"这种方式的反馈不仅认可了孩子的努力和进步,还特别强调了孩子在解决复杂问题方面的进步,并提供了具体的建议——练习更有挑战性的题目,从而帮助孩子清楚地看到自己的成长路径和未来可以提升的空间。

3. 设立明确的目标

父母与孩子一起制定明确的目标,也是一种积极反馈,它可以帮助孩子树立目标意识,提高自我管理能力,激励孩子更努力地前行。随着生活条件越来越好，现在的"小胖子"也越来越多。当父母想要孩子减肥时，采用积极反馈的方式要比逼着孩子运动、节食好得多。父母可以和孩子一起设定一个让孩子觉得并不困难的减重目标，比如3个月内减掉5斤体重。然后，与孩子一起制订具体的计划，包括每周锻炼的方式、频次以及坚持健康的饮食习惯等。父母可以定期检查进度，鼓励孩子坚持执行计划，并认可孩子的每一次努力和进步。当孩子达成阶段目标时，父母不妨满足孩子的小愿望，作为鼓励。

4. 鼓励探索和学习

当孩子在成长的过程中遇到困难，父母不应将自己的观点和方法强加给孩子，而是应该鼓励孩子自己探索和学习。这种鼓励也是一种积极反馈，通过鼓励孩子探索新事物、挑战自己，父母可以激发孩子的学习兴趣和积极性，培养孩子的好奇心和求知欲，帮助孩子不断成长和进步。

小杰是一个热爱昆虫的"好奇宝宝"，他总是在花园里追逐、观察各种小昆虫。一开始，他的父母为此感到担忧，尤其是他的妈妈，总是害怕这些小虫子会伤到小杰。

然而，随着时间的流逝，小杰的父母渐渐意识到这是小杰的天赋和好奇心，值得被尊重和支持，于是决定改变态度，给予小杰积极反馈。

在一个阳光明媚的下午，父母和小杰一起坐在花园里，阳光洒在他们身上，暖融融的。在这样舒服的环境中，他们展开了一次深入交谈，父母告诉小杰，虽然他们并不了解昆虫，但很高兴看到小杰能有自己的热爱，并承诺会一直支持他。这之后，每当小杰捉到一只新奇的昆虫，父母都会表扬他的勇气和耐心，鼓励他继续探索。他们还给小杰准备了不少昆虫方面的书籍，帮助他深入了解这个领域。

随着时间的推移，小杰的昆虫知识逐渐丰富，他开始参加昆虫研究活动，在学校展示自己的发现，父母也为他感到骄傲。

父母可以在日常交流中有效地进行积极反馈，帮助孩子更好地认识自己、发展潜力、保持积极向上的态度，同时增进彼此之间的理解和信任，促进亲子关系的良好发展。

父母要与孩子建立积极的关系，尊重孩子的想法和感受，并提供理解、支持和建设性的指导，给孩子营造一个开放、温馨的成长环境，鼓励孩子能够自由表达，与父母分享他们的内心世界。

第七章

认知觉醒后，
重建亲子关系

　　每一对父母都不是完美的父母，在认知觉醒之前，父母往往无法意识到亲子关系中存在的各种问题。由于受个人成长经历、文化传承、社会环境等多种因素的影响，父母可能在与孩子相处中出现不良模式。因此，理解并接纳自己的不完美，学习新的育儿理念，父母才能更好地与孩子建立亲密、稳健的关系，并共同成长、共同进步。

　　有些亲子关系中可能存在沟通不畅、常常吵架、感情疏离、忽视或干涉过度，甚至缺乏支持与理解等问题。在这种情况下，父母和孩子更加有必要通过互相倾听、理解对方、尊重彼此、给予支持和表达爱意等方式来重建关系，建立更加健康、和谐的亲子关系。

第一节　重建亲子关系，需要父母积极肯定孩子

积极肯定意味着以积极的态度和言行来认可孩子的努力、表现和特质，从而增强孩子的自尊心和自信心。在重建亲子关系的过程中，父母需要意识到积极肯定的重要性，并将其作为一项重要的策略来践行。通过积极肯定，父母可以与孩子建立起一种支持性、鼓励性的亲子互动模式，使亲子关系更加紧密。

"重建亲子关系，需要父母积极肯定孩子"这一论点是建立在了解和尊重孩子个体差异基础上的。每个孩子都有其独特的品质、能力和兴趣，父母需要站在孩子的角度，认可、尊重孩子，并积极引导孩子成长。父母积极肯定孩子的优点和努力，不仅可以增强孩子的自我意识和自信心，还可以培养孩子的积极心态，助力孩子健康发展。

1. 提升孩子的自尊心和自信心

积极肯定孩子的优点、努力和成就，可以增强孩子的自尊心和自信心。这种肯定让孩子感受到被重视和被关心，从而建立起积极的自我认知。

2. 增强亲子之间的情感联系

积极肯定可以为亲子关系中营造一种孩子被理解、被支持的氛围，促进亲子之间的情感交流和互动。父母的肯定让孩子感受到被理解和被接纳，从而加深了亲子之间的情感纽带。

3. 培养积极心态和行为习惯

通过积极肯定，父母可以引导孩子养成积极的心态和良好的行为习惯。正面的反馈和鼓励可以激发孩子的内在动力，让孩子更愿意尝试新事物、挑战自我并持续努力。

4. 促进孩子的全面发展

积极肯定能够激发孩子的潜力，并帮助孩子提高各方面的能力和技能。通过认可和强调孩子的优点和才华，父母可以为孩子的全面发展提供积极的支持和鼓励。

有些父母可能会感到疑惑："我也经常表扬孩子呀！都说要赏识教育，我觉得我做得挺到位的，但为什么孩子的坏毛病还是一大堆呢？"还有一些父母可能会嗤之以鼻："孩子不能老夸，多夸几句就上天了，房顶都给你掀翻了！"作为尚未认知觉醒的父母，有这样的想法是很正常的，但是一旦认知觉醒，父母会意识到，一切行动都受到认知的影响，包括我们对孩子的认识、态度，以及孩子感受到这一切之后的想法与行为。因此，父母首先应该认识到，孩子和父母一样，都是普通人，都有自己的缺点和优点。如果父母只能够看到孩子的缺点，那么每一次"教育"都会强化孩子的缺点；反之，如果父母能够看到孩子的优点，并给予积极的肯定，得到强化的就是优点。在强化优点的过程中，可能孩子的缺点仍然存在，并没有完全消除，但只要父母能够对孩子的优点给予足够的强化，同时无视那些非原则性问题，坚持一段时间，就能看到孩子的改变。

小女孩雨晨和她的父亲住在一个小镇上。雨晨是一个活泼可爱的女孩，但她在学校的成绩并不理想，导致她对学习逐渐失去了兴趣和自信心。

父亲注意到了雨晨的变化，一直想帮助雨晨重建自信，却苦于没有机会。一天晚上，父亲和雨晨在家里玩象棋游戏，雨晨在游戏中展现出了聪明机智的一面，大大出乎父亲的意料。

一局过后，父亲拍着雨晨的肩膀，欣喜地肯定道："雨晨，你是什么时候学会下象棋的？你的观察能力和决策能力都很出色，我敢打赌，你的同学没有一个是你的对手！"雨晨听到父亲的肯定后，脸上露出了久违的笑容，她感受到了被认可和被重视。

从那天开始，父亲经常和雨晨下棋，并及时地肯定和鼓励她。雨晨渐渐地恢复了对自己的信心，并开始尝试去上象棋培训班。

随着时间的推移，雨晨变得更加乐观、勇敢，面对挑战和困难也不再畏惧。虽然她的学习成绩并没有很大起色，但她现在已经敢于举手回答老师的问题了。父亲的肯定不仅改变了雨晨的状态，也使他们之间的亲子关系更亲密，让他们共同成长、共同进步。

积极肯定属于赏识教育，但它不等于表扬和赞扬，这一点我们在上一章已经详细叙述过了，在这里只补充一些理论依据。第一，肯定与赞扬暗含着双方地位不平等。赞扬一般是上下关系，即地位更高或者专业性更强的人对地位低、专业性弱的人表示的欣赏、认同，这无形中就存在不平等。而肯定则是横向关系，即双方的地位是平等的，父母和老师可以肯定孩子，孩子之间可以互相肯定，甚至孩子也可以肯定父母和老师。因此，相较于赞扬，肯定更能拉近父母与孩子之间的距离，而不是让孩子小心翼翼地表现，去赢得父母的赞扬。第二，肯定是一种对现有状态的认知，认识现有状态，并指出较之以前有进步的地方。比如孩子的字可能写得并不算好，但能够做到横平竖直了，父母便可以说："不错，现在写的字横平竖直了。"这样的肯定有具体的事实基础，符合认知，可以让孩子关注到自己的每一点进步，从而更加扎扎实实地前进，并且不容易因他人夸张的赞扬而在实际生活中产生心理落差。

由此可见，积极肯定在亲子关系中大有裨益，通过积极肯定，父母与孩子之间可以建立起积极互动的关系，从而有利于孩子的健康成长。

实施积极肯定的关键在于以下几点。

1. 观察并发现孩子的优点和努力

父母对孩子的关注不应局限于学习，孩子是立体的人，有自己的爱好和社交圈子，因此父母要多方位地、客观地观察孩子。无论孩子在哪方面有闪光点、有进步，都应该给予肯定。

2. 使用肯定性的语言和态度陈述孩子的进步

这样做，可以培养孩子的内在动力，避免过分赞扬和空洞肯定，以免产生负面效果并削弱孩子对父母的信任感。这一点前面已经详细说过，此处不再赘述。

3. 父母平时多用正面的语言和态度与孩子交流

肯定孩子时，要真诚、温和并具体，让孩子感受到被认可和被重视。

我们也应该意识到，积极肯定作为一种相对温和的教育方式，它的效果是很难立竿见影的。因此，积极肯定需要持之以恒，父母应坚持不懈地实践积极肯定的理念，让其成为家庭教育的一部分，促进孩子在积极的环境中茁壮成长。在持之以恒地给予孩子正向反馈的过程中，父母也会不知不觉地改变认知，在这场修炼之中成长为更加积极、正向的自己。

第二节　重建亲子关系，需要父母对孩子表达爱意

中国传统文化大多是含蓄与克制的，这使得中国人在表达情感时显得有些矜持。传统文化影响着家庭教育方式，加之社会压力和心理因素的交织，种种原因让我们在表达情感上总是那么小心翼翼。

父母过于含蓄地表达情感可能会带来一些问题。比如，如果父母从来不对孩子说"我爱你"，即使他们心里是满满的爱，孩子也可能会因为父母偶尔的举动误解自己被忽视或不被父母喜爱，从而导致自尊心和安全感受到影响。此外，过于含蓄的情感表达方式也可能导致情感积压和心理压力增加。比如，如果家庭成员之间从不直接表达内心的情感，会导致沟通不畅、情感压抑，可能会产生家庭矛盾，甚至导致家庭关系的破裂。

王先生是一个工作繁忙的商界精英，经常加班和出差。他深爱着儿子咏义，但从来没有对孩子表达过。在他看来，父母对孩子表达爱意是一种溺爱。咏义是一个活泼可爱的孩子，对优秀的父亲非常崇拜。期末考试结束后，咏义取得了优异的成绩。这天，他兴奋地拿着试卷回家，希望第一时间与父亲分享自己的喜悦。

深夜，王先生终于回家了，在家等候多时的咏义扑向他，迫不及待地给他展示自己的试卷。这一刻，王先生心里其实是很为儿子骄傲的，但看着儿子因为取得了一点儿成绩就如此开心，很担心他会因此而骄傲，所以王先生只是简单地说了句"继续努力"。

咏义原本期待父亲会像其他父母一样表扬自己、夸奖自己，甚至给自己一个大大的拥抱，但父亲的反应让他感到失落和伤心。他第一次感到父亲是如此冷漠，认为自己的努力和成就并不被父亲重视，于是开始怀疑自己的价值和能力。

咏义渐渐与父亲产生了隔阂，他不再主动向父亲分享自己的喜怒哀乐。父子之间的情感交流变得越来越少，他们之间的关系也越来越疏远……

现实中，不少父母的心理都和案例中的王先生一样。他们虽然心中深爱着自己的孩子，但总因为种种原因而不愿表达，特别是父亲，作为男性，他们普遍认为流露出真情是一种脆弱的表现。其实，这都是因为认知存在误区，我们应该正确认识在家庭关系和亲子关系中情感表达的重要性。

可以加强亲子情感纽带：通过情感表达，父母和孩子之间的感情联系得以加深。父母对孩子的爱、关心、支持和理解可以通过言语、行动和表情得以传达，从而增进亲子间的亲密关系，让孩子获得安全感和归属感。

可以增强孩子的自信心和自尊心：父母的肯定和鼓励对孩子的自我认知和自信心的建立起着重要作用。通过情感表达，父母能够帮助孩子建立积极的自我形象，使其在成长过程中更加自信、坚强和乐观。

可以营造积极的家庭氛围：家庭是孩子成长的第一课堂，积极向上、充满爱与理解的家庭氛围对孩子的成长至关重要。通过情感表达，家庭成员之间的理解和支持得以加强，冲突得以化解，家庭关系得以和谐发展。

可以培养良好的沟通能力：通过情感表达，家庭中能够建立起良好的沟通渠道，促进家庭成员之间的理解和交流，有助于解决问题、减少矛盾、维系亲情。

在认识到情感表达在家庭和亲子关系中的重要性后，关键的一步是父母要学会正确地向孩子表达爱意。通过合适的方式和方法来表达爱意，不仅能够拉近家庭成员之间的距离，还能够建立起更加健康和亲密的关系。接下来，让我们一起探讨如何正确、积极而有效地向孩子表达爱意。

1. 肢体接触

给孩子一个温暖的拥抱，握住孩子的手，或者轻轻拍拍孩子的肩膀，传递出亲密和关爱的信息。

2. 说一些充满爱意的话语

用肯定和鼓励的语言来表达你对孩子的爱和欣赏，比如，"我爱你，不管发生什么事情，我都会一直支持你""你今天表现得很棒，我为你感到骄傲"等。

3. 表达关心与问候

问孩子今天过得如何，是否有什么值得分享的事情，倾听孩子的回答，展现出你对孩子生活的关注和关心。

4. 共同庆祝

当孩子取得一定成就时，可以和孩子一起庆祝，比如，一起去孩子喜欢的餐厅吃饭、玩一场孩子喜欢的游戏，或者送给孩子一份小礼物。

5. 写一封充满爱意和鼓励的信

如果直接的语言表达让你觉得不好意思，你可以试着写一封充满爱意和鼓励的信给孩子，表达你对孩子的爱和支持，让孩子在需要的时候可以翻看这封信以获得力量和慰藉。

6. 安排情绪分享时间

每天安排一段时间，让孩子分享自己的情绪和感受，倾听孩子的心声，并给予适当的建议和支持。

7. 积极参与

参与孩子的兴趣爱好和活动，表现出你对孩子生活中的点滴的关心和支持，近距离感受孩子的成长和努力。

8. 鼓励表达情感

作为父母，要以身作则，不仅要及时表达自己的情感，还要教导孩子积极表达自己的情感，让孩子知道情感的表达是正常且重要的，同时也要教导孩子如何适当地处理负面情绪。

需要注意的是，表达情感不等于宣泄情绪，表达情感是以正向的、积极的语言或者中性的、陈述的语言来传递自己的情感。而这样做的前提是及时认知我们的情感和情绪。比如，孩子在墙上乱涂乱画，父母感到非常生气。这时如果父母只顾宣泄自己的愤怒，可能会破口大骂："跟你说过多少次了，不要在墙上乱画！你这个孩子怎么这么不让人省心！"这样的话语是对孩子整体的否定，给孩子贴上了"不听话""不省心"的标签，无疑会给孩子带来负面的影响。如果父母意识到自己愤怒的情绪只是针对孩子乱涂乱画这个行为的，而不是针对孩子整体的，就可以采用中性的语言陈述自己的情绪，比如："你知道吗，把墙壁画成这样，修复起来非常麻烦！现在我很生气，我觉得你应该为修复它负起责任！"

"认知情绪—表达情绪"是一个过程，当我们经历这个过程，过度激动的情绪在一定程度上就能够得到缓解，也就可以尽量避免过激的举动给孩子造成伤害。每一位父母都应该意识到，我们行为的目的是教育孩子养成更好的行为习惯，而不是打击、伤害孩子，拿孩子发泄情绪。

压抑并拒绝表达对孩子的爱意、不加控制地对孩子宣泄自己的情绪，或过分夸张地赞扬、吹捧、溺爱孩子，都有可能在破坏亲子关系的同时导致孩子出现各种行为、心理问题。而积极表达爱意，对修复亲子关系、重塑孩子行为习惯至关重要。通过肯定、欣赏和爱的表达，父母可以建立起与孩子之间的信任、亲密关系，打开沟通渠道，增进彼此的理解和认同。这种积极的情感表达不仅强化了亲子之间的连接，也让孩子感受到家庭的温暖和支持，有利于家庭的稳固与和谐。

第三节　重建亲子关系，需要父母与孩子共情

共情是指个体能够意识到并理解他人的情感状态、感受和心理需求，并对其产生情感上的共鸣和理解。这种能力不是简单的同情或有同理心，而是能够将自己置于他人的处境中，从而深刻理解他人的感受和情绪。

父母缺乏与孩子共情的能力可能是由多种因素造成的。现代社会中，父母往往面对工作和家庭的双重压力，导致他们无法花足够的时间和精力与孩子沟通和建立情感联系，从而缺乏对孩子产生共情的机会。一些父母可能缺乏情绪管理能力，无法处理自己的情绪，在与孩子交流时无法保持理性和冷静，从而影响了他们的共情能力。一些父母可能教育观念比较传统，不够理解和尊重孩子的个性和情感需求，导致他们共情能力不足。此外，缺乏足够的自我意识和不够成熟，以及交流方式和技巧不当等因素也

可能导致父母与孩子之间共情缺失。

父母缺乏与孩子共情的能力可能会给孩子造成不良影响。比如，当孩子因害怕黑暗而无法入睡时，如果父母无法与孩子共情，或不理解他的恐惧感，只是简单地斥责他不坚强，这种斥责可能会使孩子感到被忽视。孩子缺乏安全感和被抚慰的情感支持，容易导致情感上的孤立。长此以往，孩子可能会产生睡眠障碍、焦虑情绪甚至心理健康问题，同时与父母之间的亲子关系也会变得疏远和紧张。父母对孩子难以共情，可能会对孩子的心理健康和亲子关系产生负面影响。

沟通障碍：父母缺乏与孩子共情的能力导致父母无法理解孩子的感受和需求，使得双方之间的沟通出现障碍。孩子可能感到无法有效地表达自己的感受，父母也难以准确地把握孩子的内心世界，从而导致双方沟通不畅和产生误解。

情感产生距离：父母缺乏与孩子共情的能力导致父母与孩子之间的情感距离拉大，关系变得疏远和冷淡。孩子可能感到孤独和不被理解，而父母也失去了与孩子建立亲密关系的机会。

产生心理问题：父母缺乏与孩子共情的能力会影响孩子的心理健康，导致孩子产生焦虑、自尊心薄弱等心理问题。孩子可能感到孤立无援，内心深处充满挫折与痛苦。

因父母与孩子缺少共情而引起亲子关系破裂的案例不胜枚举，在这种案例中，父母往往觉得孩子太矫情、太夸张，或者认为孩子无病呻吟，目的只在引起父母的注意或对父母进行情感控制；而孩子则觉得父母冷漠无情，无法理解自己，是与自己无关的外人。因为情感得不到理解，他们只能找与自己有共同经历的同龄人倾诉，或者用暴力或过激的行为来宣泄情绪，这就有可能导致产生不良后果或者走上歧途。

认知觉醒之后，父母应该意识到与孩子共情的重要性。父母需要站在孩子的角度去理解他们的感受和需求，以便与他们建立更加深厚的情感联系。

父母要与孩子共情，重点在于"体会"。体会孩子的情感，是害怕，是孤独，还是无聊。父母可以回忆自己的小时候，是否会因自己的父母不理解自己而感到痛苦、孤独。回忆一下自己那些被忽视、被误解的时刻，父母就更容易体会到孩子现在所经历的挣扎和困惑，进而更加尊重孩子的感受。体会孩子的情感意味着不应仅停留在留意孩子表面的言行举止，而是要深入到孩子内心深处感受并发掘他们的情感需求。

在一个平凡的下午，刘丽收拾房间时偶然发现了女儿的抽屉里塞满了言情小说。心生不安的刘丽开始回忆女儿最近的行为，发现她沉迷于看言情小说，甚至连作业都顾不上做。刘丽担心女儿的学业会因此受影响，同时也担心女儿会被这些虚幻的爱情故事影响，陷入早恋。一时冲动之下，刘丽将女儿的小说统统撕碎，以制止女儿的沉迷。然而，刘丽并不知道，这些书都是女儿向同学借来的。

当女儿放学回到家中，发现被母亲撕毁的书，她顿时又愤怒又伤心。她无法理解母亲为何做出这样的行为，也感到母亲对自己的不理解和强制干涉。愤怒之下，女儿推开了刘丽，把自己锁在房间里，拒绝和母亲说话。

这一刻，母女之间产生了无法修补的裂痕，曾经无话不谈的母女形同陌路。刘丽内心充满了自责和愧疚，她开始反思自己的行为，并想起了自己年轻时曾经被漫画中的爱情故事所打动，而自己的母亲也做出了伤害自己的行为——她把刘丽用苦苦积攒的零花钱买回来的漫画全部付之一炬。这段回忆让刘丽深深感受到了女儿此刻的痛苦，她意识到自己的行为是错误的。

晚上，刘丽坐在桌前，开始给女儿写信。她的心情异常沉重，回想着自己对女儿的不理解和强硬的行为，内心充满了愧疚和懊悔。

亲爱的女儿：

当我撕掉你的那些小说时，我并没有好好想过你的感受。我深知这件事让我们之间产生了隔阂，你对我的冷漠和疏远让我心如刀割。我知道我做得不对，我没有试图去理解你的内心世界，我只是出于担心和急躁而做出了错误的决定。

回想起我年轻的时候，我也曾被书中的纯真爱情故事所打动。但是当时我母亲并没有理解我的感受，她偷偷烧掉了我珍藏的漫画，让我感到无比失落和痛苦。现在，我终于能够理解你的感受了，我明白那些小说对你而言有多么重要，它们不仅是一种娱乐，更是你内心世界的一部分。

为此，我感到非常抱歉，我没有站在你的角度去考虑问题，没有给你足够的尊重和理解，导致了我们之间的隔阂和冷漠。我希望你能原谅我，我愿意倾听你的心声，去理解你的想法和感受。

无论你是否愿意原谅我，我都会尊重你的选择。但请相信我，我对你的爱永远不会改变，我愿意为修复我们之间的关系而努力。如果你愿意，我希望我们可以坐下来好好谈谈，我想听听你的想法。

爱你的母亲

第二天，刘丽把这封道歉信放在女儿的桌子上，然后静静地退出了女儿的房间。这封信带着她内心的悔意和爱意，她期待着女儿能够理解并接受。她知道，道歉并不能立刻化解母女之间的矛盾，但她愿意尽一切努力来修复她和女儿之间的关系。

渐渐地，母女之间的隔阂消散了，女儿也接受了母亲的道歉，并勇敢地表达了自己的想法和感受。母亲和女儿重新建立起了信任，关系也变得更加亲密和融洽。

父母还可以通过以下具体方式来与孩子共情。

1. 倾听和理解

花时间倾听孩子的想法、感受和经历，给予孩子充分表达自己的机会，不打断或质疑孩子的感受。

2. 分享自己的经历

与孩子分享自己的童年经历和情感体验，让孩子知道父母也曾经历过类似的情感困扰，让孩子知道他并不孤独。

3. 尊重和接纳

尊重孩子的感受和独特性格，不强迫孩子改变自己的个性，而是接纳并支持孩子发展自己的个性。

4. 共同体验

与孩子一起参与各种活动和体验，建立共同的回忆和情感纽带，加深亲子关系的密切程度。

5. 非暴力沟通

非暴力沟通是一种有效的沟通技巧，它可以帮助父母与孩子建立亲密和尊重的关系。通过倾听、表达感受、提出需求和解决冲突等方式，父母可以增强与孩子之间的共情连接。

第四节　重建亲子关系，需要父母与孩子互相尊重

在传统家庭中，父母通常因为权威观念、严厉的教育方式、固化的价值观念、社会压力以及缺乏有效沟通等因素而缺少对孩子的尊重。父母常觉得孩子的意见和决定是不正确的，难以接受孩子的观点和选择；也有一些父母因为过度担心孩子，而不自觉地干涉孩子的行为和想法，导致孩子觉得自己在家里没有地位、不受尊重。

父母和孩子之间缺乏互相尊重会导致亲子关系出现一系列负面影响。首先，缺乏尊重会导致孩子感到被忽视和无价值，可能会降低孩子的自尊心和自信心。其次，缺乏尊重会影响家庭氛围，导致沟通障碍和冲突增加，使亲子关系变得紧张。最重要的是，缺乏尊重会阻碍孩子与父母之间的情感联系和信任建立，使得孩子不愿意与父母分享自己的问题和困扰，从而影响孩子的健

康成长。

此外，相互尊重本是人与人之间相处的基本原则，若孩子在家不能做到尊重父母，那么在学校或其他场合也很难表现出尊重他人的态度。在家缺乏尊重父母的行为可能会导致孩子在与老师、同学或其他社会成员的交往中，也难以建立良好的人际关系。这不仅会影响孩子的社交能力，也可能给孩子的个人成长和发展带来负面影响。

为了重建亲子关系也好，为了更好地教育孩子也好，都需要父母与孩子互相尊重。这种尊重并不是简单地口头上说说而已，而是需要通过行动和态度来体现。父母与孩子之间的尊重是建立在平等、理解和沟通的基础之上的。下面，让我们探讨一下如何在亲子关系中实现真正的尊重。

1. 建立开放的沟通渠道

家庭中应当建立起开放、真诚的沟通渠道，父母鼓励孩子分享他们的想法、感受和问题，倾听孩子的意见，尊重孩子的观点。比如，父母可以主动询问："对于这件事，我想听听你的想法。"

2. 尊重孩子的个人空间

父母应尊重孩子的个人空间和隐私，不过度干涉孩子的私事，给予孩子适当的独立性和自主权。孩子需要独处或专注于学习时可以关闭房门，同时，父母应让其他家庭成员不随意打搅孩子。

3. 设定清晰的规矩和界限

在尊重的前提下，父母可以与孩子一起商讨并制定一些家规，明确家庭成员的责任和权利，以促进亲子关系的和谐。同时，父母应该以身作则，不违反共同订立的家规，也不能食言，答应了孩子的事情就应该做到。

4. 用爱心和耐心教育孩子

父母在处理问题时要保持冷静和耐心，用爱心引导孩子，避免采用过度惩罚或严厉指责的方式，以培养孩子正确的行为和价值观。

5. 保持平等的地位

父母应该认识到自己与孩子是平等的，父母虽然可以指导孩子如何更好地处事、做人，但这仅仅是因为父母比较年长，有丰富的阅历和经历而已。在人格和地位上，父母与孩子始终是平等的，父母不能因为自己比孩子年长、比孩子力量大，就滥用暴力或者侮辱孩子的人格。

小玲是一个敏感聪明的女孩，从幼儿园开始，她就对音乐很感兴趣。8岁时，父母给她报了钢琴班。刚开始，小玲兴致勃勃，每天都认真练习，父母看在眼里也备感欣慰。

然而，随着时间的推移，学琴带来的压力和负担逐渐显现出来。小玲觉得每天练琴要花很多时间，学校的作业也越来越多，导致她感到疲惫不堪，对钢琴的热情也逐渐消退。她开始对练琴产生抵触情绪，不再像以前那样积极练习了。

父母察觉到了小玲的变化，从她的行为和表情中感受到她正在经历一场心理斗争，但又不愿意直接表达出来。父母感到矛盾和焦虑，一方面希望小玲能坚持下去，另一方面又想尊重她的真实想法。

一天晚上，小玲坐在饭桌前，低着头，神情忧郁。爸爸察觉到了她的不对劲，便温和地询问起来。小玲沉默片刻，最终咬咬嘴唇，轻声说："爸爸妈妈，我不想再学琴了，我感觉自己学不好，也不喜欢了。"

听到小玲如此坦诚的话语，父母心中感到了一种无奈，但同时也明白，自己的女儿在经历一场内心的挣扎。父亲静静地凝视着小玲，最终开口说道："小玲，爸爸明白，我们都希望你能做自己喜欢的事情。如果你真的不喜欢学琴了，我们会尊重你的决定。"

小玲得到了父亲的理解和支持，眼里泛起泪光，她感受到了一种莫名的解脱。第二天，父亲带她来到音乐学校，与老师诚恳地交流了她的决定。老师虽然面露遗憾，但也理解小玲的处境，于是给小玲办理了退课手续。

在之后的日子里，小玲找到了其他的爱好——绘画和篮球，她在父母的支持下，充实而快乐地度过每一天。父母的尊重和理解让小玲学会了坦诚地表达自己的想法和感受，她也更珍惜与父母之间的亲情。他们家的亲子关系也更加紧密，彼此尊重和理解，共同走向幸福、和谐的未来。

看到这里，一定会有父母有这样的疑问："都说要尊重孩子的想法和选择，但明明孩子做的就是错的，难道我也要尊重他、顺着他吗？"其实通过认知觉醒，父母可以意识到尊重并不意味着盲目迁就或放任孩子的错误行为。尊重孩子的想法和选择，并不等同于默认孩子的所有行为都是正确的。父母可以耐心倾听和理解孩子的想法，然后诚恳地与孩子交流，指出孩子的错误行为并提供正确的引导和建议。重要的是在教育孩子时，父母要保持尊重和理解的态度，与孩子就错误行为进行讨论，帮助孩子认识到错误并让孩子学会从中成长，而不是简单地用权威来强制孩子遵从自己或对孩子进行严厉惩罚。

孩子犯错误时，父母可以采取下列做法。

第一，父母可以给孩子一个表达想法和感受的机会，听取孩子的看法。例如，当孩子撒谎时，父母可以问问孩子为什么撒谎，是害怕惩罚，还是有什么其他原因。如果孩子是因为害怕惩罚而撒谎，那么父母就应该反思自己平日的教育是否太过严厉。

第二，在指出孩子错误行为时，父母应该尽量避免使用指责和批评的语气，可以用中性的、陈述式的方式表达，帮助孩子意识到问题并寻找解决方法。例如，可以对孩子说："我知道你想尝试新事物，但记住，做某些事情是不安全的。"

第三，父母可以给孩子提供建设性的建议，让孩子明白如何改正错误。例如，如果孩子因为与同学抢夺某种东西而产生冲突，父母可以指导孩子学会分享和尊重他人的意愿，帮助孩子建立起良好的人际关系。

第四，及时表扬和鼓励孩子的积极行为和努力，让孩子感受到成功的喜悦。例如，当孩子主动做家务或遵守规则时，父母可以及时给予肯定和奖励，激励孩子继续保持良好的行为。

第五，设立适当的奖惩制度可以帮助孩子认识不同行为的结果。例如，孩子违反家庭规定，可以进行适当的惩罚，让孩子明白不良行为会带来不良后果。同时，对于积极行为也要给予相应的奖励，让孩子懂得正确行为会带来积极结果。

第八章

认知觉醒后，
打造成长型家庭

家庭不仅是孩子学习知识和技能的地方，更是塑造其品格和人格的摇篮。随着社会的发展和家庭观念的变化，越来越多的父母开始经历认知觉醒，意识到传统的严格管教和权威主义教育方式不利于孩子的全面发展，家庭应该营造出充满尊重、理解和支持的成长型环境，让孩子在其中获得内在的满足感和安全感，使孩子展现出最真实、积极的自我。

父母一旦认知觉醒，就会意识到教育不仅仅是传授知识，更是引导孩子建立正确的价值观和人生观。在这个新的认知框架下，打造成长型家庭变得至关重要。成长型家庭不仅关注孩子的学业成绩，更注重培养孩子的自我认知、情感管理和社会技能。在这样的家庭中，父母会尊重孩子的个性和意见，激发孩子的创造力和自信心，帮助孩子提高自我管理的能力，建立积极的人际关系。

第一节 何谓成长型家庭

随着社会的不断发展和家庭结构的变化，家庭教育观念也发生了很大的变化。过去，传统的家庭教育侧重于权威主义和严格管教，忽视了孩子的个性和心理需求。然而，随着心理学领域的发展和家庭教育理念的更新，人们逐渐意识到了家庭教育的重要性和家庭教育方式、方法的多样化。现代家庭越来越重视孩子的情感发展，重视对孩子自主性和思维能力的培养，追求的不再是让孩子听话服从，而是希望孩子能够健康成长、独立自主，具备解决问题和适应未来社会挑战的能力。因此，成长型家庭的理念得到了越来越多认知觉醒的父母的认同和实践，成为当代家庭教育的重要趋势和方向。

成长型家庭是指父母以鼓励、支持和尊重的方式与孩子互动，促使孩子全面发展并充分发挥潜能的家庭。在成长型家庭中，父母不仅是孩子的保护者和教育者，更是孩子的伙伴和引导者，父母与孩子共同营造积极的、充满爱和尊重的成长环境。这种家庭注重孩子的心理成长，尊重孩子的个体差异，培养孩子的自信心和自主性，帮助孩子建立积极的人际关系，形成健康的人格和人生观。

父母的认知觉醒对打造成长型家庭至关重要，可以说，没有经历认知觉醒的父母是无法建立真正的成长型家庭的。这种认知觉醒不仅影响着父母与孩子之间的关系，还会对孩子的成长和发展产生深远的影响。在一个家庭中，父母是孩子最重要的榜样和引导者，当父母认知觉醒后，他们的教养方式、教育理念以及营造的家庭氛围都会发生积极的转变。

首先，父母的认知觉醒意味着他们开始意识到个体差异的重要性。他们明白每个孩子都是独一无二的个体，都具有不同的需求、兴趣和潜能。因此，他们不再采取一刀切的教养方式，而是注重因材施教，尊重和理解每个孩子的个性特点。

其次，认知觉醒的父母更加倾向于与孩子建立良好的沟通和互动关系。他们愿意倾听孩子的想法和需求，尊重孩子的选择，与孩子共同制定家庭规则和决策。这种平等、互相尊重的亲子关系让孩子感受到被理解和被支持，有利于营造亲密、和谐的家庭氛围。

最后，父母的认知觉醒还有助于营造积极的家庭氛围。在这样的家庭环境中，孩子可以感受到父母的关爱、尊重和支持，从而培养出自信心、独立性和责任感。这种家庭氛围有助于孩子健康成长，有助于孩子在日后的生活中能够更好地适应各种挑战和压力。

我们为何要强调打造成长型家庭呢？

首先，成长型家庭为孩子提供了一个安全、稳定的成长环境，使孩子能够在这种环境下自由地探索、学习、成长。其次，成长型家庭注重家庭成员之间的情感联系和沟通，能够培养孩子的情感表达能力和提高孩子的情商，帮助孩子建立健康的情感关系。再次，成长型家庭重视教育的全面性，不仅注重学业成绩，更关注孩子的思维能力、创造力、人际交往能力等方面的发展。最后且最重要的是，成长型家庭通过尊重孩子的个性和需求，能够培养孩子的自信心和自律性，帮助孩子养成积极的人生态度和正确的行为习惯，为孩子未来的发展奠定坚实的基础。

如何判断自己的家庭模式是否属于成长型呢？我们可以从以下几点入手。

1. 是否鼓励探索和尝试

成长型家庭注重对孩子的探索精神和学习兴趣的培养，父母鼓励孩子通过实验和体验来获取知识和技能。在孩子面对新挑战时，父母会给予支持和鼓励，不会因失败而斥责孩子，而视其为学习的一部分。

2. 是否尊重个体差异

在成长型家庭中，家庭成员被视为独特的个体，有各自的兴趣、能力和发展节奏。父母尊重孩子的个性特点和喜好，不将自己的期望和价值观强加于孩子，而是支持孩子根据自身能力发展。

3. 是否强调自主学习和决策

在成长型家庭中，孩子被鼓励承担学习的主动性和责任感，培养自我管理和解决问题的能力。父母与孩子共同制定学习目标，支持孩子在学习过程中自主决策和自主选择学习风格。

4. 是否支持情感表达

在成长型家庭中，家庭成员之间建立了开放的沟通渠道，孩子可以充分表达情感、分享感受和提出内心的疑惑。父母接纳孩子的情绪体验，教导孩子学会有效的情绪管理技巧，帮助孩子建立健康的情感表达模式。

5. 重视父母的角色

在成长型家庭中，家庭被视为孩子成长的主要支持系统和安全港湾，父母扮演着教育者和引导者的角色。父母在孩子的生活中起着榜样作用，父母通过自己的行为和价值观念引导孩子，传递积极的家庭价值观和生活态度。

在一个普通的小城里，住着一家四口，父亲张呈栋是一名心理咨询师，母亲刘雨薇是一名全职妈妈，他们有两个活泼可爱的孩子——大儿子天宇和小女儿莉莉。

刘雨薇从孕期开始，就和丈夫讨论将来如何教育孩子，他俩都希望能够把自己的小家庭打造成蓬勃向上、富有朝气的成长型家庭。他们还给自己的小家取了个美丽的名字——彩虹家庭，希望自己的家能像彩虹一样散发美丽的光芒。

张呈栋和刘雨薇懂得平等地对待孩子的重要性，孩子出生后，他们尊重孩子们的个性和意见，让孩子自由发展。每周，全家人都会开一次家庭会议，在家庭会议上，孩子们可以参与家庭事务的讨论和决策，这大大培养了他们的责任感和自主能力。

家庭活动也是这家人日常生活中不可或缺的一部分。张呈栋和刘雨薇会定期组织亲子游戏、读书会和手工 DIY 活动，这增进了家庭成员之间的感情和互动，孩子们也在家庭活动中发挥了创造力，学会了合作和分享。

除了在家庭中的互动，小两口还鼓励孩子们参加各种兴趣班和志愿者活动，让孩子更广泛地接触社会，拓宽视野，以期培养孩子们的社交能力和团队合作意识。小两口以温暖、和谐的家庭环境，为孩子们的成长提供了坚实的支持和教育。

在这个充满爱和关怀的成长型家庭中，孩子们得到了充分的尊重和支持。通过父母的引导和榜样作用，孩子们学会了独立思考、自主决策，并且拥有了广泛的兴趣爱好和极强的社交能力。这样的家庭教育方式为孩子们的未来发展奠定了坚实的基础，使他们能够自信地面对生活的挑战，并且成为有价值、有责任感的社会成员。

随着社会的不断发展和变化，成长型家庭将发挥越来越重要的作用。未来，我们希望看到更多的家庭意识到家庭教育的重要性，致力于营造温馨、和谐的家庭氛围，为孩子们的成长提供良好的环境。

第二节　成长型家庭有利于培养具有正向思维的孩子

正向思维是指一种积极、乐观、建设性的思考方式。拥有正向思维的个体倾向于看到问题的积极面，相信自己和他人的能力，努力寻找解决问题的方法，并对未来充满希望和信心。正向思维有助于培养人的适应能力、抗挫折能力，促进人的心理健康和幸福感的提升。

对于孩子来说，正向思维带来的积极影响是多方面的。首先，正向思维可以增强孩子应对困难和挑战的能力，让孩子在面对问题时能够保持乐观、冷静，找到解决之道，提升应变能力和解决问题的能力。其次，正向思维有助于培养孩子健康的情感和心理，减少焦虑和压抑等负面情绪；有助于提升孩子的情感管理能力和促进心理成长。最重要的是，正向思维能够促使孩子充满动力地去追求目标，自信地去应对挑战，从而增加成功的可能性。这种积极的心态也能吸引他人，为孩子创造更多的社交机会和发展空间。

高考考场上，李华紧张地坐在桌前，心跳加快，手心冒汗。看着试卷上的题目，他感到一阵无助和恐惧。突然，他想起了妈妈在考前对他说的一句话："儿子，你已经做了很多努力，相信自己，你能克服一切困难！"这句话在他脑海中回荡，让他重新振作起来。

李华闭上眼睛，深呼吸了几次，告诉自己要相信自己。他开始专心地审题，一道道考题在他的笔尖下迅速被解答出来。他虽然还是感到紧张，但他告诉自己，要保持冷静，不要被恐惧左右。

渐渐地，李华进入了状态，他专注地解答每一道题目。其间也遇到了一些难题，但他不断暗示自己，这只是一道阻碍，他有能力克服。最终，当考试结束时，他松了口气，脸上露出了胜利的微笑。

当成绩公布的那一刻，李华惊喜地发现自己取得了优异的分数。他意识到，是正向思维帮助他克服了心理障碍，在考场上展现出自信和坚韧，最终取得了成功。这次经历让他明白，只要相信自己，积极面对挑战，他可以克服任何困难。从那天起，他对未来充满信心，以更加积极的态度迎接生活中的挑战。

当谈到培养孩子正向思维的话题时，我们不得不想到成长型家庭对孩子成长的重要影响。父母是孩子的第一任老师，父母的言行举止以及对孩子的教育方式，都直接影响着孩子的性格和思维模式。在一个成长型家庭中，父母扮演着至关重要的角色，能够通过种种方式来培养孩子的正向思维，帮助孩子在面对生活中的挑战时保持乐观、积极的态度。

父母该如何在日常生活中培养孩子的正向思维呢？

当父母展现出对困难和挑战的坚忍不拔和乐观态度时，孩子会在模仿中吸取这种积极的价值观。因此，父母应该避免负能量的言行，不要在孩子面前抱怨和传递消极情绪，而是要展现出解决问题的态度。这样孩子也会学着接受挑战和困难，学会用积极的心态去面对生活中的各种问题。

在孩子面对挑战和失败时，父母鼓励孩子积极面对也非常重要。父母可以教育孩子，失败并不意味着终结，而是一个学习和成长的机会。通过引导孩子面对失败时不灰心丧气，从中吸取经验教训，继续努力前行，父母可以帮助孩子建立正确的挫折观念，培养孩子应对逆境的能力。

父母还可以表扬孩子在面对挑战时展现出的勇气和毅力，这不仅可以鼓励孩子，还可以增加孩子对自己的信心。通过正面的反馈和肯定，父母可以激励孩子继续努力，坚定地走向未来。

父母也可以鼓励孩子参与各种社交活动，与他人交流互动，培养孩子的社交能力。同时，父母通过正面的肯定和鼓励来提升孩子的自信心，让孩子相信自己有能力面对不同的挑战，并取得成功。

以上这些方式可以帮助孩子树立积极的人生态度，培养正向思维，从而更好地面对生活中的各种挑战。

> 当张琳第一次抱起女儿小雪时，她感受到了一种无以言说的幸福，但与此同时，医生的一句话却让她的世界崩塌了："你的女儿双腿畸形，她将来有残疾的风险。"张琳无法相信自己的耳朵，她的眼泪无法控制地流下来。但当她抬起头，看到小雪天真无邪的笑容时，她明白，自己必须坚强起来，为了小雪。
>
> "宝贝，不要害怕，妈妈会一直在你身边，我们一起面对一切。"张琳轻声对小雪说道，她的声音充满了坚定和爱。
>
> 小雪的眼里闪烁着泪光，但她紧紧地握住了妈妈的手，仿佛在告诉妈妈，自己不会放弃，因为有妈妈的陪伴。
>
> 随着时间的流逝，张琳用尽全力呵护着小雪，她学习如何使用轮椅，如何克服生活中的种种困难。每当小雪因为自己残疾而感到自卑时，张琳总是会轻轻地抚摸她的头发，告诉她："你是最特别的，小雪，你的坚强和勇气让所有人都为你骄傲。"
>
> 张琳还教导小雪如何面对挑战，如何用乐观的态度面

对生活。她和小雪一起参加残障人士的各种活动，让小雪感受到社会的温暖和支持。

终于有一天，小雪站在了舞台上，她的心中充满了自信和勇气。她讲述了她的故事、她遇到的挑战、她取得的成功。她的话语充满了力量，她的笑容温暖了每一个人的心。

"妈妈，谢谢你，是你让我成为今天的我。"小雪的声音充满了感激和爱意，她紧紧地拥抱着妈妈，泪水不禁流了下来。

张琳抱着小雪，感受着女儿的温暖和感激，她知道，自己的坚持和爱给了女儿无尽的力量。而小雪，用她的坚强和勇气，证明了残疾并不是一种限制，她依然可以发掘自己的潜能、绽放自己的光彩。

综上所述，要培养正向思维的孩子，成长型家庭可以从以下核心要点着手：营造积极的家庭氛围，注重亲子沟通和情感交流；树立正确的人生观和价值观，引导孩子以积极、乐观的态度面对生活；激发孩子的学习兴趣和自我探索的欲望，培养孩子的学习能力和创造力；倡导家庭成员之间互相尊重和理解，建立和谐稳定的家庭关系。通过对这些核心要点的实践，成长型家庭可以更好地培养具有正向思维的孩子，为孩子的未来发展奠定坚实的基础。

第三节　成长型家庭有利于培养具有自我成长意识的孩子

在当前社会中，家庭教育一直被视为对孩子成长发展至关重要的环节。成长型家庭作为一种理想的家庭教育模式，被认为能够培养出具有自我成长意识的孩子，能够为孩子未来的发展奠定坚实的基础。

自我成长意识是指个体对自身发展、学习以及提升自我的认知和意识。这种意识涵盖了对自我潜能和能力的认知，以及对个人成长方向和目标的明确认识。具有自我成长意识的人通常会积极主动地寻求学习和成长的机会，不断反思自己的行为和经历，以促进个人的进步和发展。根据自我成长意识的概念，我们发现，它和成长型家庭的内核是统一的、对应的。而这正是成长型家庭能够培养出具有自我成长意识的孩子的根本原因。

总体来说，成长型家庭更注重孩子的全面发展和自主成长，致力于营造积极的家庭环境，从而更容易促使孩子养成自我成长意识；而普通家庭可能存在一些制约因素，使得孩子在这样的环境中培养自我成长意识相对困难。

成长型家庭与普通家庭的区别主要体现在以下几方面。

父母角色定位不同：成长型家庭的父母更倾向于作为引导者、促进者，鼓励孩子主动学习和成长；而普通家庭的父母可能更多扮演着照顾者、指挥者的角色，较少给孩子自主发展的空间。

教育观念和教育方式不同：成长型家庭更注重培养孩子的自主学习能力和自我认知，倡导孩子主动探索、反思和成长；而普通家庭更侧重于传统的功利性教育，注重孩子的成绩和表现，缺乏培养孩子自我成长意识的教育理念。

家庭氛围和文化不同：成长型家庭通常拥有积极、支持性的家庭氛围，鼓励家庭成员之间互动和沟通，倡导积极的生活态度和成长理念；而普通家庭受到各种因素的干扰，家庭氛围不够积极，支持性不强，孩子难以培养自我成长意识。

也许有的父母会对此提出疑问："孩子是否具有自我成长意识真的很重要吗？我们当年读书的时候，也没听到这种说法呀。"

自我成长意识并非教育专家给孩子提出来的新要求，而是这个发展日新月异的社会提出的要求。无论家庭教育、学校教育还是社会教育，能够教会孩子的知识、能力和传达的信息与浩若烟海的知识、科学、技术等比起来，仿若沧海一粟。孩子如果不具备自我成长意识，那么在结束学校教育之后，可能不会继续学习，不会继续吸收新的知识，这与终身成长的理念是背道而驰的。而拥有自我成长意识的孩子，终其一生都会不断深入学习各种知识，不断掌握各种信息、技术，而这些将会对他们的人生产生深远的影响，包括但不限于以下几种。

1. 产生自我驱动力

具有自我成长意识的孩子更有可能在学习和成长的过程中保持自我驱动力。他们能够自主地设定目标、制订计划，并努力实现自己的梦想，而不是依赖外部的激励或压力。

2. 有良好的适应能力

具有自我成长意识的孩子能够更好地适应变化和挑战。他们具备自我调节和自我反思的能力，可以从困难和挫折中汲取经验教训，不断成长和进步。

3. 自信

具有自我成长意识的孩子更倾向于相信自己的能力和潜力。他们能够接受自己的不足之处，并积极努力改进，从而建立起自信心和自尊心。

4. 拥有解决问题的能力

具有自我成长意识的孩子具有批判性思维和解决问题的能力。他们愿意主动面对和解决问题，能够快速适应新环境和复杂情况。

5. 持续学习

具有自我成长意识的孩子乐于学习、探索和尝试新事物。他们持续追求知识和进步，不断提升自己的能力和技能。

> 杨瑞敏是一个对科学和技术充满热情的男孩，他的父母非常支持他的这个爱好，但由于父母都不是从事相关工作的，因此无法在实际操作中给予他任何指导，他们只好为他准备各种实验设备和相关书籍。
>
> 有一天，杨瑞敏决定尝试制作一个太阳能实验装置来将太阳光转换为电能。于是他在网上查找了一些资料、看了一些视频后便自己动手制作起来，但在实际制作的过程中却遇到了困难。
>
> 杨瑞敏试图按照教程上的步骤来搭建太阳能实验装置，但总是无法让电路板和太阳能电池正确连接。父母看到他的困惑，询问他遇到了什么问题。杨瑞敏向父母说明了情况，父母也不知道该怎么做，于是他们决定一起来探索解决方案。
>
> 他们一起查阅了更多的资料，对比了不同的设计方案，讨论了可能的错误和解决方法。父母鼓励杨瑞敏尝试不同的连接方式，并通过试错的方法来找最佳的解决方案。杨瑞敏也尝试着自己思考和实践，不断调整和改进自己的

设计。

经过几次尝试和调整，杨瑞敏终于成功制作出了一个可行的太阳能实验装置。他将这个成果展示给了家人和朋友，分享了自己的探索和实践过程。大家对他的成果赞叹不已，这让他感到自豪和满足。

通过这次经历，杨瑞敏意识到自己在解决问题和克服困难时的成长与进步。他学会了如何从挫折中学习，如何通过探索和实践来提升自己的技能和能力。他也明白，父母的鼓励和支持固然重要，但最终的成长还是需要依靠自己的努力和探索，这种自我成长的意识也让他更加坚定地走上了探索和实践的道路。

综上所述，成长型的家庭注重个体的成长与发展，注重培养孩子的自我意识和自我管理能力，注重培养孩子的独立思考能力和解决问题的能力。这种家庭环境不仅能够帮助孩子建立健康的人格和价值观，还能够激发孩子的创造力和创新精神。在这样的家庭中，孩子能够学会面对挑战和困难，能够勇敢地探索未知领域，持续地成长和进步。

第四节 构建成长型家庭的方法

在现代社会中，家庭的意义日益凸显。然而，并非所有的家庭都能够成为使孩子健康成长的温床。成长型家庭是一种积极的家庭模式，它注重孩子的全面发展，有利于培养孩子的自信心、责任感和社交能力。在这样的家庭中，父母的实践至关重要。

要构建一个成长型家庭，关键在于营造一个有爱、互相尊重和支持的氛围，让家庭成员在这种氛围中得以自由地学习、成长和发展。这种家庭环境需要父母之间的合作和理解，以及对孩子的尊重和关爱。同时，家庭成员之间的沟通和信任也是建立成长型家庭的重要基石。通过共同的努力，我们可以打造出一个让每个成员都能实现自身潜力的家庭。

1. 设立"家庭成长日"

要构建一个成长型家庭，一个效果显著的方法是设立"家庭成长日"，比如，可以每周选择一天作为"家庭成长日"，在这一天，父母和孩子要共同参与一项或多项家庭活动，这样做，不仅可以增强父母和孩子之间的情感联系，还可以使父母和孩子共同学习和成长。

比如，进行阅读分享，每个人轮流分享近期阅读的图书以及心得；再比如，设立"家庭游戏夜"，一起玩一个父母和孩子都要参与合作的游戏，增进父母和孩子间的默契和信任；等等。

每次活动结束后，父母和孩子应围坐在一起，分享各自的感受、学到的新知识以及获得的经验，并对下次活动提出建议。这样做，不仅能促进父母和孩子的沟通，还能让孩子感受到自己在家庭中的重要性，从而培养孩子的自信心和责任感。

2. 注重沟通与倾听

沟通是家庭成员之间建立良好关系的基础。在成长型家庭中，父母应该注重与孩子的沟通，倾听他们的想法和感受。通过与孩子进行良好的沟通，父母可以更好地了解他们的需求和问题，及时给予关心和支持。此部分内容在前面已经有详细叙述，此处不再赘述。

3. 培养孩子的自信心与独立性

成长型家庭注重培养孩子的自信心和独立性。父母可以通过提供适当的支持来帮助孩子养成这些品质。例如，当孩子表达了尝试新事物的愿望时，父母可以给予鼓励和支持，甚至可以跟孩子一起学习。

4. 尊重与包容

成长型家庭需要家庭成员间彼此尊重和包容。在这样的环境中，孩子可以自由地表达自己的想法和感受，而不会受到歧视或指责。父母应该尊重孩子的个性和特点，不断鼓励他们发展自己的潜能。例如，家里的一个孩子可能对音乐有着浓厚的兴趣，而另一个孩子则对体育更感兴趣，父母应该尊重他们的选择，并给予适当的支持和指导。

李明是一位职场精英，拥有成功的事业和稳定的家庭。在他的成长过程中，父母营造的成长型家庭环境为他的成功打下了坚实的基础。

李明的父亲是一位忙碌的企业家，但他总是尽力抽出时间和李明进行沟通，了解他的需求和想法。上学期间，李明曾遇到了学习上的困难，感到十分沮丧。父亲在得知情况后，并没有责备他，而是耐心倾听并给予他鼓励和支持。他和李明一起制订了一个学习计划，并鼓励李明时刻保持乐观的态度。通过与父亲的沟通以及父亲的支持，李明最终克服了学习困难，取得了优异的成绩。

除了沟通与倾听，李明的父母还注重培养他的自信心和独立性。在他表达对音乐的浓厚兴趣时，他的父母并没有强迫他选择更为传统的学科，而是支持他去学习音乐。

李明的父母给予他自由探索的空间，鼓励他充分发挥自己的潜力。在他参加校园音乐比赛时，李明的父母一直坚定地支持他，并看到了他在音乐领域上取得的成就。

李明后来选择放弃音乐转学商科时，父母也对他的选择表示尊重。他的母亲不止一次地告诉他，只要他做自己喜欢的事，以他的能力一定能够成功，即便没有成功，只要他健康快乐，父母也会感到心满意足。

从这个案例中我们看到，在李明父母的身上，一个成长型家庭的重要元素得到了充分体现。这样的成长型家庭不仅能够促进孩子全面发展，也能为孩子的未来奠定坚实的基础，有利于培养出健康、自信和有责任感的下一代。希望更多的家庭可以像李明的家庭一样，成为一个成长型家庭。